한 권으로 끝내는
이미지 생성 AI
with
미드저니

헤더림(임혜린), 백승호 지음

IB 한빛미디어
Hanbit Media, Inc.

지은이 헤더림(임혜린)

KAIST에서 산업디자인을 전공했고 지금은 외국계 IT기업에서 UX 디자이너 및 리서처로 일하면서 동시에 AI 아티스트 '헤더림'으로 활동 중입니다. 어반브레이크의 The Canvas of AI 공동 디렉팅, 인공지능을 활용한 애니메이션 작업 등 다양한 전시 활동을 통해 대중과 적극적으로 소통하고 있으며, 세계적인 AI 학회 NeurIPS, ICML에서 이미지 생성 모델에 대한 워크샵 페이퍼를 발표했습니다. 현재 국민대학교에서 생성형 인공지능 과목을 강의하고 있습니다. 다양한 기술과 예술을 접목한 작업 활동을 이어나가며 다방면으로 생성형 인공지능을 알리고 있습니다.

이메일 hyelin1122@gmail.com

인스타그램 https://www.instagram.com/heatherlim.w3

홈페이지 https://heatherlim.oopy.io

지은이 백승호

KAIST 전산학부 출신으로 개발자와 연구자로 일하며 기술로 삶을 혁신하려는 목표를 가지고 있습니다. AI 국제 학회인 NeurIPS, ICML에 이미지 생성 AI 관련 논문을 발표하고 CES에 참가하는 등 빠르게 변화하는 IT 분야에 많은 관심을 가지고 있습니다. 또한, KAIST, 국방부 등 창업 대회에서 수상하고 K-스타트업에 진출하는 등 사용자에게 최신 기술을 보다 쉽고 효과적으로 전달하기 위한 다양한 활동을 하고 있습니다.

이메일 bsho0330@gmail.com

한 권으로 끝내는 이미지 생성 AI with 미드저니

초판 1쇄 발행 2024년 3월 5일

지은이 헤더림(임혜린), 백승호 / **펴낸이** 전태호
펴낸곳 한빛미디어(주) / **주소** 서울특별시 서대문구 연희로2길 62 한빛미디어(주) IT출판1부
전화 02-325-5544 / **팩스** 02-336-7124
등록 1999년 6월 24일 제25100-2017-000058호 / **ISBN** 979-11-6921-209-0 13000

총괄 배윤미 / **책임편집** 장용희 / **기획** 박지수 / **교정** 강민철
디자인 윤혜원 / **전산편집** 김보경
영업 김형진, 장경환, 조유미 / **마케팅** 박상용, 한종진, 이행은, 김선아, 고광일, 성화정, 김한솔 / **제작** 박성우, 김정우

이 책에 대한 의견이나 오탈자 및 잘못된 내용에 대한 수정 정보는 한빛미디어(주)의 홈페이지나 아래 이메일로 알려주십시오. 잘못된 책은 구입하신 서점에서 교환해 드립니다. 책값은 뒤표지에 표시되어 있습니다.
한빛미디어 홈페이지 www.hanbit.co.kr / 이메일 ask@hanbit.co.kr

지금 하지 않으면 할 수 없는 일이 있습니다.
책으로 펴내고 싶은 아이디어나 원고를 이메일(writer@hanbit.co.kr)로 보내주세요.
한빛미디어(주)는 여러분의 소중한 경험과 지식을 기다리고 있습니다.

A/S 페이지 활용 방법 및 완성 이미지 다운로드 안내

1 이미지 생성 AI 업데이트 내용 확인 : 달리, 미드저니와 같은 이미지 생성 AI 서비스의 자잘한 업데이트는 1년에도 수십 번, 메이저 업데이트는 두세 번도 넘게 이루어집니다. 도서 출간 후에 이루어지는 주요 업데이트 내용을 별도의 A/S 페이지로 제공합니다. 달리, 미드저니의 최신 기능을 확인해보세요!

2 완성 이미지 파일 다운로드 : 도서 실습은 대부분 달리, 미드저니와 같은 이미지 생성 AI에 프롬프트를 입력하는 방식으로 진행됩니다. 따라서 별도로 제공하는 예제 파일은 없지만, 실습을 진행한 후 완성된 이미지를 다운로드하여 확인할 수 있게 제공합니다.

A/S 페이지는 아래 접속 주소를 웹브라우저에 직접 입력하거나 QR 코드를 이용해서 접속할 수 있습니다.

접속 주소
https://m.site.naver.com/1i9wv

- 이 책에 나온 달리와 미드저니 실습 화면은 업데이트 시기에 따라 다소 다르게 보일 수 있습니다. 프롬프트 위주로 실습하는 도서이므로 실습하는 데 문제는 없습니다.
- 일부 고유 용어(예 : Civitai, 시비타이)는 국내 사용자 기준에 맞게 번역하였습니다.

AI와 함께하는 흥미로운 여정으로 초대합니다

> "인공지능은 인류에게 작동하고 있는 가장 심오한 것 중 하나이다.
> 불이나 전기보다 더 심오하다."
>
> - 순다르 피차이 (2020), 구글 최고 경영자

AI를 활용한 다양한 이미지 작업과 전시를 진행하며 AI와의 '소통'에 대해 많이 고민했습니다. '의도에 맞는 이미지를 만들려면 프롬프트를 어떻게 작성해야 할까?', '완성된 결과물을 어디에, 어떻게 활용할 수 있을까?'와 같은 질문들은 아직도 머릿속을 맴돌고 있습니다. 이러한 질문에 해답을 얻기 위해 KAIST에서 이미지 생성 모델의 사용자 경험에 대해 연구했고, 개인적으로 '인공지능과의 협업'을 주제로 다양한 작업과 실험도 진행했습니다.

많은 경험과 고민을 토대로 보다 많은 사람들이 이미지 생성 AI를 활용하고 쉽게 접근할 수 있도록 이 책을 집필하기로 결심했습니다. 이 책은 AI 기술 활용을 위한 '필수 용어와 이론', 원하는 결과를 얻기 위한 '단계와 기능', 그리고 각 상황에서 이미지 생성 AI를 어떻게 '활용'할 수 있는지 소개합니다.

불과 몇 년 전만 해도 AI가 사람을 대신해 현실적인 이미지를 만드는 것은 상상에 불과했습니다. 하지만 이제는 AI가 영상과 음악을 만들고, 그림을 그리며, 코드를 작성하는 단계까지 발전했습니다. 인류가 개발한 기술 중 가장 큰 영향을 미칠 것이라 여겨지는 AI가 앞으로 우리의 삶과 사회에 어떤 영향을 미치게 될까요? 이런 흥미로운 여정에 이 책이 여러분과 함께하는 기회가 되었으면 합니다.

헤더림 (임혜린)

2024년 3월

나날이 발전하는 생성형 AI와 친해질 수 있도록

매번 이미지 작업을 하며 '컴퓨터가 수준급의 결과물을 '짠' 하고 알아서 만들 수 있지 않을까?'하는 망상에 가까운 꿈을 가지고 있었습니다. 불과 3년 전만 해도 이미지 생성 AI와 관련된 여러 연구 결과를 보며, AI가 사람과 비슷한 수준의 결과물을 만들려면 아직 가야 할 길이 한참 멀었다고 생각했습니다.

하지만 이런 예상을 비웃기라도 하듯 2024년 현재에 이르기까지 AI는 새로운 기술이 발표되는 매순간 기대 이상의 발전을 보여줬습니다. 이제 원하는 내용을 입력하면 5초 안에 전문가 수준의 그림이 생성됩니다. 누군가에게는 아직 힘들고 꿈처럼 느껴지는 이미지 생성 AI와 친해지고 활용할 수 있길 바라는 마음으로 이 책의 집필을 시작했습니다.

일반인이라면 자신의 결과물에 이 책의 프롬프트 엔지니어링을 접목해 다양한 작업에 도전해 볼 수 있을 것이고, 전문가는 작업에 생산성을 높이고 보다 다양한 작업 스타일을 빠르게 접목할 수 있을 것입니다. 더 나아가 생성 AI의 과거, 현재, 미래를 살펴보며 이미지 생성 AI와 친해질 기회도 가질 수 있을 것입니다.

생성형 AI의 등장으로 새로운 시대가 눈앞에 다가왔습니다. 이런 무궁무진한 가능성 속에서 새로운 미래를 만들어나갈 독자 여러분의 여정에 이 책이 즐거운 시작이 되길 바랍니다.

백승호
2024년 3월

LESSON

이미지 생성 AI의 프롬프트를 사용한 실습,
기본 이론을 학습합니다.

따라 하기

직접 프롬프트를 입력하며 실습해봅니다.

프롬프트

이미지 생성 실습에 필요한 프롬프트를 확인
합니다.

NOTE

이미지 생성 AI 이론, 실습에서 별도로
알아두면 좋은 내용을 구성했습니다.

TIP

실습 도중 막히는 부분, 어려울 수 있는
부분을 시원하게 해결해드립니다.

목차

PART 01 | 이미지 생성 AI 이해하기

목차

PART 02 | 이미지 생성 AI 실무에 활용하기

CHAPTER 01 | 일상에서 이미지 생성 AI 활용하기

목차

PART 03　　이미지 생성 AI의 한계와 기술 발전

CHAPTER 01 | 이미지 생성 AI의 현재와 한계, 해결책

목차

PART 01
이미지 생성 AI
이해하기

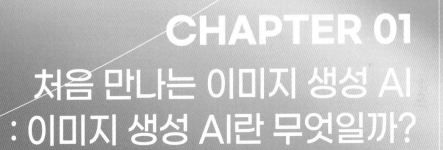

CHAPTER 01
처음 만나는 이미지 생성 AI
: 이미지 생성 AI란 무엇일까?

인간 수준으로 발전한 AI

알파고 쇼크와 AI의 대중화

2016년 3월, 대한민국 서울에서 바둑 AI 알파고(AlphaGo)와 세계 최정상급 프로 기사 이세돌 9단의 역사적인 대국이 이루어졌습니다. 바로 구글 딥마인드 챌린지 매치(Google Deepmind Challenge Match)입니다.

1997년 IBM의 슈퍼컴퓨터 딥 블루(Deep Blue)가 체스 세계 챔피언인 가리 카스파로프(Garry Kasparov)를 상대로 승리한 후 오델로, 퀴즈 프로그램 등 다양한 분야에서 AI가 인간과 대결해 승리하였습니다. 하지만 바둑은 훨씬 많은 가능성과 변수 때문에 컴퓨터가 인간을 이기는 것이 불가능하다고 여겨진 분야였습니다. 이세돌 9단도 경기 전 인터뷰에서 "인간이 진다는 것은, 그것은 인간이 너무 무력한 것이 아닌가 하는 생각이 든다."며 승리를 예상했고, 많은 프로 기사나 바둑 전문가도 이세돌의 승리를 예상했습니다.

대국이 진행되자 분위기는 완전히 반전되었습니다. 알파고가 1국, 2국을 연속해서 승리하며 이제 인간이 바둑에서 AI를 이길 수 없다는 허탈한 분위기로 변했습니다. 이어지는 3국에서도 알파고가 승리하여 대국 승리가 확정되었습니다. 물론 4국에서 이세돌 9단이 승리하며 인간의 저력을 보여주기도 했지만, '알파고 쇼크'는 세계에 큰 충격을 주면서 동시에 AI의 발전에 대한 세간의 인식을 바꾸는 계기가 되었습니다.

사람들은 AI가 인간의 영역을 대체하는 미래를 걱정하는 한편, AI의 능력과 중요성을 인식하면서 국가부터 개인까지 AI를 보다 적극적으로 연구하고 활용하기 시작했습니다. 알파고 쇼크로부터 8년이 지난 2024년에는 대부분의 사람이 AI를 인식하고 있으며, 챗봇을 포함한 다양한 서비스에 AI가 점차 활용되고 있습니다.

AI는 대체가 어려울 것이라 여겨지던 창조 분야, 특히 글과 그림 분야에서 뛰어난 능력을 보여주면서 빠르게 발전하고 있습니다. 이제 일반인도 전문가나 디자이너의 도움 없이 이미지 생성 AI를 사용해 빠르고 쉽게 이미지를 만들 수 있습니다.

▲ 이미지 생성 AI인 달리2로 만든 이미지

AI는 어떻게 이미지를 만들기 시작했을까

거대 기업의 집중적인 투자, 대중의 관심으로 AI 기술이 빠르게 성장하며 수많은 분야에서 두각을 나타내고 있습니다. 반복적인 업무는 물론, 기업의 주가 변동이나 소비 수요 예측, 엑스레이 사진의 판독 등 기존에 사람이 하던 업무가 AI로 빠르게 대체되고 있습니다.

현재 시점에서 AI가 대체할 수 없는 일이 과연 있을까 싶지만, 과거에는 인간의 창의성이 필요한 예술 분야는 대체할 수 없을 것이라는 의견이 지배적이었습니다. 2014년 초기, 이미지 생성 AI의 결과물을 보면 발전 가능성은 있지만 대중이 인정할 정도의 결과물을 만들기 위해선 아직 오랜 시간이 필요해 보였습니다.

▲ 2014년 미국의 스타트업 기업 바이캐리어스(Vicarious)의 이미지 생성 AI가 만들어낸 소(Cow) 이미지[1]

초기 이미지 생성 AI 연구자들은 이미지를 만들기 위해 다양한 수학적 방법을 사용하였으나 발전에 어려움을 겪었습니다. 하지만 2014년, 컴퓨터 과학자이자 인공 신경망 연구자 이안 굿펠로(Ian Goodfellow)가 GAN[2]이라는 생성 모델을 최초로 공개하면서 AI를 활용해 원하는 이미지를 만들 수 있는 토대가 마련되었습니다.

---

1 Evelyn M. Rusli, "Attempting to Code the Human Brain", 2014, The Wall Street Journal,
   출처 : https://www.wsj.com/articles/attempting-to-code-the-human-brain-1391473543
2 GAN, Generative Adversarial Networks : 생성적 적대 신경망

이미지 생성 AI 연구자들이 GAN 생성 모델을 사용하기 시작한 초기에는 다소 선명하지 않은 결과가 나타났지만, GAN 생성 모델은 시간이 지나며 빠른 속도로 발전했습니다. 특히 2019년에 발표된 StyleGAN은 기존에 비해 훨씬 쉽고 빠르게 맞춤형 이미지를 만들 수 있어 폭넓은 활용 가능성을 보여주었습니다.

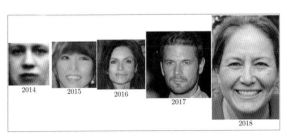

▲ 2014년부터 2018년까지 GAN 생성 모델의 발전[3]

이를 통해 내 몸에 다른 옷을 입혀보거나 헤어 스타일을 바꿔주는 AI가 등장했고, 얼굴 사진을 넣으면 이말년 작가의 화풍으로 바꾸는 '침착한 생성 모델'이 공개되기도 했습니다. 이처럼 이미지 생성 AI가 우리 생활에서 다양하게 활용될 것이라는 기대감이 커지기 시작했습니다.

▲ StyleGAN2를 활용하여 인물 사진을 이말년 작가의 화풍으로 바꾸는 AI '침착한 생성 모델'[4]

3 Sharon Zhou/Eda Zhou/Eric Zelikman, Build Better Generative Adversarial Networks (GANs)–Coursera,
    출처 : https://www.coursera.org/learn/build–better–generative–adversarial–networks–gans
4 bryandlee, (Github)malnyun_faces–침착한 생성 모델 학습기, https://github.com/bryandlee/malnyun_faces

예술 분야의 특이점을 넘기 시작한 이미지 생성 AI

2021년, GAN에 이어 또 다른 놀라운 기술이 등장했습니다. 이미지를 준비하거나 컴퓨터 과학 분야의 AI 사용 방법을 따로 배울 필요 없이 텍스트만 입력해 수준 높은 이미지를 만들 수 있는 OpenAI의 달리(DALL-E)가 등장한 것입니다.

달리를 사용해 정교한 그림을 생성할 수 있게 되면서 많은 이들이 AI가 이제는 예술계까지 위협할 수 있겠다고 생각했고 한편으로는 이를 어떻게 활용할 수 있을지에 대해 관심을 가지기 시작했습니다.

이어서 2022년에는 달리2(DALL-E 2), 미드저니(Midjourney)가 등장하며 놀라운 성능 향상을 보여주었습니다. 이때 미국에서는 흥미로운 사건도 발생했습니다. 콜로라도 주립 박람회 미술 대회의 디지털 아트 부문 1위 수상작으로 AI가 생성한 '스페이스 오페라 극장'이 선정된 것입니다.

▲ 미국 콜로라도 주립 박람회 미술대회 디지털 아트 부문 1위 수상작 '스페이스 오페라 극장'[5]

---

5   Jason M. Allen, "Space Opera Theatre", 출처 : https://www.jasonmallen.com/

해당 그림의 작가 제이슨 M. 앨런(Jason M. Allen)은 뉴욕타임스 인터뷰에서 "AI가 승리했고 인간이 패배했다."[6]는 소감을 남겼고, 많은 사람들은 AI의 수준 높은 작품에 충격을 받았습니다. 동시에 수많은 논란거리들이 등장했습니다. 처음에는 AI가 만든 그림을 예술이라고 볼 수 있는지, 표절이 아닌지 등의 의문이 많았습니다. 반대로 AI가 그림을 위한 새로운 도구가 될 것이라는 긍정적인 의견도 있었습니다.

대회 주최측은 AI로 그림을 생성했다는 것을 밝혔기에 어떤 규칙도 어기지 않았다고 판단하여 작품을 옹호하는 입장을 취하며 수상을 축하했습니다. 이 사건을 계기로 달리와 미드저니가 대중에게 더 큰 관심을 받게 되었습니다.

다양한 서비스 분야에 활용되는 이미지 생성 AI

2022년 8월 22일 런던의 스타트업 기업인 스태빌리티 AI에서 이미지 생성 AI인 스테이블 디퓨전(Stable Diffusion)을 오픈 소스[7]로 발표했습니다. 이는 이미지 생성 AI의 폭발적인 성장에 큰 영향을 미쳤습니다.

공개 당시만 해도 스테이블 디퓨전은 달리보다 결과물의 품질이 낮았습니다. 하지만 유료 서비스인 다른 서비스와 달리 무료로 자유롭게 테스트할 수 있다는 장점 덕분에 전 세계의 수많은 이용자들이 쉽게 사용할 수 있었고, 지금은 스테이블 디퓨전으로 생성된 다양한 작품이 공유되고 있습니다.

스테이블 디퓨전은 오픈 소스인 만큼 기능 수정과 사용 범위가 자유로워서 여러 기업, 개발자들이 원하는 방식으로 모델을 수정해 활용하기 시작했습니다. 이

6　Natalie Proulx, "AI-Generated Art Won a Prize. Artists Aren't Happy.", 2022, The New York Times,
　　출처 : https://www.nytimes.com/2022/09/02/technology/ai-artificial-intelligence-artists.html
7　오픈 소스(Open Source) : 프로그램, 도구 개발 과정에 필요한 코드나 설계도를 누구나 볼 수 있도록 공개하는 것을 의미합니다.

미지 생성 AI를 산업의 여러 분야에 본격적으로 활용하기 시작한 것입니다. 피그마(Figma)와 같은 디자인 도구에서도 사용할 수 있으며, 3D 모델링 도구인 블렌더(Blender)에서도 플러그인의 형태로 활용하는 등, 이미지 생성 AI를 기존 도구에 결합할 수 있는 길이 열렸습니다.

▲ 피그마에 등장한 스테이블 디퓨전 활용 텍스트 기반 플러그인 드리머(Dreamer)[8]

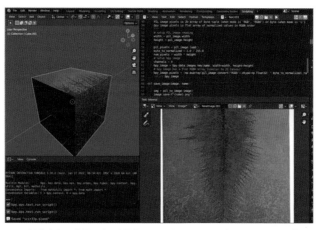

▲ 블렌더의 스테이블 디퓨전 활용 플러그인 드림-텍스처(dream-textures)[9]

뿐만 아니라 일상 속에서 쉽게 찾을 수 있는 애플리케이션 등에 이미지 생성 AI

8 Figma Community, Dreamer/radiolights,
  출처 : https://www.figma.com/community/plugin/1151245850609894407/dreamer
9 carson-katri, (Github)dream-textures, 출처 : https://github.com/carson-katri/dream-textures

가 활용되기 시작했습니다. 렌사 AI(Lensa AI)와 카메라 앱으로 유명한 스노우 (SNOW)는 AI를 활용해 본인의 사진을 아바타로 만들어주는 서비스를 제공하기 시작했습니다.

▲ 셀피 사진으로 다양한 스타일의 이미지를 만들어주는 스노우의 AI 아바타 생성 서비스[10]

직장인의 사무 업무에서 이미지 생성 AI를 활용하려는 시도 역시 진행되고 있습니다. 인스타그램과 페이스북의 수석 매니저인 키스 페리스(Keith Peiris)와 헨리 리리아니(Henri Liriani)가 공동 창업한 톰(Tome)은 이미지 생성 AI를 활용하여 만들고 싶은 발표 주제를 입력하는 것만으로 슬라이드 이미지를 생성하고 발표 자료를 완성합니다.

▲ 주제를 입력하면 알아서 프레젠테이션을 만들어주는 톰의 AI 서비스[11]

---

10 스노우 공식 홈페이지, 요즘 핫한 AI 아바타로 MZ세대 사로잡기,
　　출처 : https://www.snowbusiness.co.kr/news/read.jsp?no=19
11 Tome, 출처 : https://tome.app/

미국의 빅테크 기업 역시 발빠르게 생성 AI를 활용하기 시작했습니다. 포토샵 (Photoshop), 프리미어 프로(Premiere Pro) 등의 서비스로 유명한 어도비(Adobe)에서도 입력한 내용에 맞게 이미지를 바꾸거나 특정 부분만 편집할 수 있도록 도와주는 파이어플라이(Firefly)를 공개했습니다.

▲ 어도비에서 제공하는 이미지 생성 AI 기반 이미지 편집, 생성 서비스 파이어플라이[12]

OpenAI의 투자사인 마이크로소프트(Microsoft)는 워드(Word), 엑셀(Excel), 파워포인트(PowerPoint)에 OpenAI의 ChatGPT와 달리를 도입했습니다. 특히 새로

▲ 마이크로소프트에서 제공하는 생성 AI 기반 오피스 서비스 마이크로소프트 365 코파일럿[13]

---

12 Adobe Firefly, 출처 : https://www.adobe.com/kr/sensei/generative-ai/firefly.html

13 Jared Spataro, "Introducing Microsoft 365 Copilot – your copilot for work", Official Microsoft Blog, 출처 : https://blogs.microsoft.com/blog/2023/03/16/introducing-microsoft-365-copilot-your-copilot-for-work/

운 AI 서비스인 코파일럿(Copilot)을 공개하면서 문서 내용, 슬라이드를 자동으로 생성하거나, 입력된 데이터를 필요한 차트와 대시보드로 정리하고 생성하는 등 사무 업무를 쉽고 빠르게 할 수 있도록 돕고 있습니다. 텍스트 생성 AI 분야에서는 입력에 따라 알맞은 답변을 출력하는 ChatGPT가 큰 관심을 받고 있으며 수많은 기업에 도입되어 활용되고 있습니다.

▲ (왼쪽) 〈행복이 가득한 집〉 2023년 9월호 아트워크, (오른쪽) 헤더림 작가 아트워크[14]

국내에서는 라이프스타일 잡지인 〈행복이 가득한 집〉에 2023년 9월, 10월 헤더림 작가의 이미지 생성 AI를 활용한 작품이 표지로 선정되기도 했습니다.

AI 기술을 활용한 창조적인 예술은 기존 예술과 사진에 새로운 차원을 더하며, 이미지 생성 AI를 활용하여 미래 주거 환경을 상상력 넘치게 제시하는 등 창의적 가능성을 확장합니다. 또한 인간과 기계의 협업을 통해 예술적인 형태를 탐구하는 흥미로운 논의를 제공합니다.

---

14 최혜정, 〈행복〉 표지는 왜 바뀌었나, 2023년 9월, 행복이 가득한 집,
출처 : https://happy.designhouse.co.kr/about/cover_view/8082?p=1

이미지 생성 AI란?

이미지 생성 AI의 작동 개념 이해하기

이미지 생성 AI란 말 그대로 이미지를 만들어내는 AI입니다. 그러면 AI는 무엇일까요? AI는 인공지능(Artificial Intelligence)의 약자로 컴퓨터로 만들어낸, 인간처럼 사고하고 행동할 수 있는 지능을 의미합니다.

초기 AI와 달리 지금의 AI는 인간과 바둑을 두고, 글을 쓰기도 합니다. 또 사람의 얼굴을 구분하고, 쓰레기를 분리 수거하거나, 택배 상자를 알맞게 분류하는 등이미 여러 분야에서 개발되어 활용되고 있습니다.

그렇다면 쓰레기를 분리 수거하는 AI와 그림을 그리는 AI에는 어떤 차이가 있을까요? 가장 큰 차이점으로는 쓰레기를 분리 수거하는 AI는 정해진 답을 찾아 행동하지만, 그림을 그리는 AI는 정해진 답이 없는 작업을 수행합니다.

얼핏 보았을 때는 사소한 차이 같지만 수학적으로 동작하는 컴퓨터 입장에서는 매우 큰 차이입니다. 다음 그림처럼 캔 이미지를 주고 이것이 캔이라고 알려주면 AI는 다음부터 캔 이미지를 캔으로 분류할 수 있습니다.

▲ 정해진 답변을 찾도록 설계된 분류 AI

반면 이미지나 글을 생성하는 AI는 어떨까요? 예를 들어 '귀여운 고양이'에 대한 이미지를 만들도록 생성 AI에게 명령을 내려도 정해진 답은 없을 겁니다. 따라서 귀여운 고양이에 해당하는 이미지를 자세히 알려주더라도 AI는 어떤 것이 정답인지 알 수 없습니다. 이때 AI는 자체적으로 답을 찾아내기 위한 과정을 거칩니다.

▲ 스스로 답변을 찾는 생성 AI

생성 AI는 정해진 답이 없는 경우에 가장 최적화된 결과를 만들어냅니다. 초기에는 조금 어설프고 어색한 부분도 있었지만 여러 연구자의 노력으로 이제 '사과'라는 단어, 즉 프롬프트(Prompt)를 입력하면 누가 보아도 사과에 맞는 이미지를 만들어내는 수준으로 발전했습니다.

이미지 생성 AI는 그 구조에서 발생한 특별한 성질을 가지고 있고, 이를 이해한다면 이미지 생성 AI를 보다 잘 사용할 수 있게 될 것입니다. 이미지 생성 AI의 구조를 간단하게 파악해보고 이미지 생성 AI를 잘 사용할 수 있는 방법을 알아보겠습니다.

이미지 생성 AI의 동작 방식

생성 AI는 정해진 답이 없는 환경에서 알맞은 결과를 만들어내는 AI입니다. 다음 이미지처럼 '귀여운 고양이(cute cat)'를 입력해 이미지 생성 AI를 활용하면 고양이 이미지를 얻을 수 있습니다. 그런데 이렇게 만든 이미지가 '귀여운 고양이'가 맞을까요?

▲ 이미지 생성 AI인 달리에 'cute cat'을 입력한 후 만들어진 이미지[15]

누군가에게 이 이미지의 고양이는 귀여운 고양이겠지만 다른 누군가에게는 아닐 수도 있습니다. 누군가는 배경이 조금 더 밝으면 좋겠다고 생각할 수도 있고, 털이 줄무늬이거나 노란색이면 좋겠다고 생각할 수도 있습니다. 이처럼 '귀여운 고양이'라는 표현에 완벽한 정답은 없습니다. 생성 AI는 이런 정답 없는 질문에 알맞은 결과를 만들기 위해 여러 가지 방법으로 동작합니다.

---

15 OpenAI, (유튜브)"DALL·E 2 Explained", 출처 : https://youtu.be/qTgPSKKjfVg?si=GJ4IyERZ4SKKsxM0

이미지 생성 AI를 사용하다 보면 원하는 결과가 나오지 않거나 의도와 다른 결과가 나올 때가 많습니다. 이는 생성 AI의 특성 때문에 발생합니다. 이미지 생성 AI는 수백만 장의 이미지와 그에 대응하는 설명을 알고 있지만 어떤 것이 정답인지는 알지 못합니다. 따라서 이미지 생성 AI는 제시된 입력값을 분석하고 그에 알맞은 이미지를 찾아내어 사용자의 요청에 맞는 답변을 생성합니다.

즉, 이미지 생성 AI는 사용자의 입력을 분석하고 이를 기존에 알고 있는 정보와 비교한 후 비슷한 것들을 찾아서 조합하는 방식으로 답을 생성합니다. 그러다 보니 때로는 사용자가 입력한 내용을 잘못 이해하는 경우도 있고, 제대로 이해했지만 어떤 이미지를 만들어야 하는지 배우지 못하는 경우도 있습니다.

> 프롬프트 A tiny golden puppy eating a strawberry shortcake
> (작은 골든 리트리버 강아지가 딸기 쇼트케이크를 먹고 있다)

▲ 이상한 결과를 보여주는 이미지 생성 AI(달리2 모델 생성)

이미지 생성 AI에서 문제가 생기는 경우에 대한 예시를 한 가지 더 들어보겠습니다. 직접 그림을 그리려 할 때 '그림을 그리는 아이들'이라는 주제를 보면 어떤 이미지가 연상될까요? 우리 모두 각자 생각하는 이미지가 다를 것입니다.

누군가는 미술 학원에서 정물화를 열심히 그리고 있는 아이들, 누군가는 푸른 들판에 옹기종기 모여 풍경화를 그리는 모습을 생각할 것입니다. 또 아이들이 미술

관에서 그림 그리는 모습을 아주 멀리서 보고 있는 구도도 충분히 생각할 수 있습니다.

이렇듯 '그림을 그리는 아이들'이라는 추상적인 주제에 대한 개인의 생각은 모두 다릅니다. 이는 AI도 마찬가지입니다. 한 명의 아이가 실내에서 정물화를 그리고 있다고 상상하고 입력값을 넣었다 하더라도 AI는 사용자의 의도까지 읽어낼 수 없습니다.

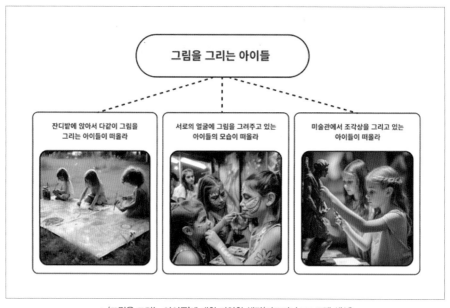

▲ '그림을 그리는 아이들'에 대한 다양한 생각(미드저니 V5 모델 생성)

AI는 입력값에 알맞은 답을 어떻게든 생성합니다. 이때 아이들은 어디에 있는지, 무슨 그림을 그리고 있는지, 아이들은 몇 명이 있고, 아이들의 성별과 표정 등 세부적인 정보는 임의로 결정하여 이미지를 생성합니다.

따라서 사용자가 원하는 결과를 AI로부터 얻기 위해서는 AI에게 전달하는 입력 값을 최대한 구체적으로 전달해야 합니다. 단순한 행위의 동작 외에 여러분이 상상한 이미지의 의도가 잘 드러나도록 AI가 임의로 예측할 수 있는 추상적인 부분(몇 명이, 어디에서, 어떤 모습을 한, 어떤 것을, 얼마나 등)은 구체적으로 요청해야 합니다. 하지만 구체적인 상황이라도 어떤 단어, 프롬프트를 입력했을 때 AI가 더 나은 결과물을 만들지는 알 수 없습니다. 이는 AI를 개발한 회사도 알기 어려운 부분입니다.

AI 학습에는 방대한 데이터가 필요합니다. 예를 들면, 구글(Google)은 AI 학습에 40억 장의 이미지를 활용했습니다. 그러나 동일한 이미지라도 어떤 키워드 입력에 따라 사용자의 의도가 반영되어 나타날지는 실제로 사용해보기 전에는 알 수 없습니다.

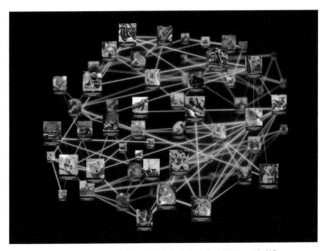

▲ 수많은 데이터로 학습되어 만들어진 이미지 생성 AI 달리[16]

따라서 이미지 생성 AI를 사용해 원하는 이미지를 정확히 얻기 위해서는 프롬프트를 가능한 한 구체적으로 입력한 후 계속해서 조금씩 변화를 주면서 알맞은 결과가 나올 때까지 수정해야 합니다. 이러한 과정을 프롬프트 엔지니어링(Prompt

---

16 OpenAI, (유튜브)"DALL · E 2 Explained", 출처 : https://youtu.be/qTgPSKKjfVg?si=GJ4lyERZ4SKKsxM0

Engineering)이라고 합니다.

프롬프트 엔지니어링은 어렵고 낯설지만, 복잡한 이미지 작업 없이도 본인만의 프롬프트를 잘 구성해낼 수 있다면 수준 높은 이미지를 빠르게 만들 수 있게 될 것이고 이를 여러 분야에 효과적으로 활용할 수 있게 될 것입니다. 앞으로 여러분이 구상한 이미지를 구현하기 위해 어떤 단어를 넣으면 좋은 결과를 얻을 수 있을지, 실제 사례와 함께 프롬프트를 구성하는 방법을 알아보면서 프롬프트 엔지니어링을 학습해보겠습니다.

이미지 생성 AI를 알아야 하는 이유

우리는 왜 AI를 배우고 이해해야 할까?

이미지 생성 AI는 빠르게 발전하고 있지만, 당장은 AI를 몰라도 살아가는 데는 큰 문제가 없습니다. 하지만 시간을 내서라도 AI를 배워야 하는 이유는 점차 많아지고 있습니다. AI 분야의 대가인 앤드류 응(Andrew Ng)은 '왜 AI를 배워야 하는가?'라는 질문에 문맹 퇴치를 예로 들어 설명했습니다.

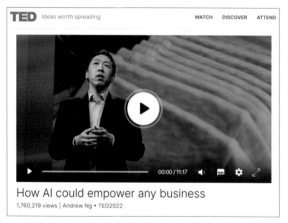

▲ 앤드류 응의 TED 강연[17]

"수백 년 전만 하더라도 사회의 많은 사람들은 모두가 굳이 읽고 써야 할 필요는 없다고 생각했습니다. 당시에는 대부분이 밭을 갈고 양을 치는 사회였기 때문에 굳이 글로 의사소통해야 할 필요가 없었죠. 글을 알아야 하는 사람들은 당시의 성직자들로 그들은 성경을 읽을 수 있어야 했고, 나머지 사람들은 성전, 교회나 같은 거룩한 건물에 가서 성직자들이 우리에게 읽어주는 것을 들으면 됐었죠. (중략) 오늘날 AI는 대사제와 여사제들 손에 있습니다. 저는 우리가 훨씬 더 풍요로운 사회를 만들어갈 수 있다고 생각합니다."

앤드류 응의 말처럼 당장은 AI의 필요성을, 특히 이미지 생성 AI에 대한 필요성을 느끼지 않을 수 있습니다. 하지만 이를 활용할 수 있다면 더 풍요로운 사회를 만들고 누릴 수 있을 것입니다. 다행히도 이미지 생성 AI 사용법을 익히는 것은 그리 어렵지 않습니다. 이전까지는 이미지 생성 AI를 사용하기 위해 복잡한 수식과 익숙하지 않은 프로그래밍 언어를 알아야 했지만, 이제는 우리가 이미 잘 사용하는 글(프롬프트)만으로도 AI를 사용할 수 있습니다.

---

17 Andrew Ng, (TED)"How AI could empower any business",
　　출처 : https://www.ted.com/talks/andrew_ng_how_ai_could_empower_any_business

이미 우리 삶에 활용되고 있는 이미지 생성 AI

그림을 잘 그려주는 AI를 우리의 삶에 어떻게 활용할 수 있을까요? 최근 일부 기업들은 이를 광고와 홍보, 마케팅의 수단으로 활용하고 있습니다. 〈코스모폴리탄(COSMOPOLITAN)〉은 달리를 만든 OpenAI와 협력하여 잡지의 표지를 완성하였습니다. 표지 헤드 카피는 "세계 최초의 AI 생성 잡지 커버를 만나다(Meet the World's First Artificially Intelligent Magazine Cover)."이고, 하단에는 "그리고 단 20초 만에 이미지를 만들었습니다(And it only took 20 seconds to make)."라고 적혀 있습니다. 이처럼 이미지 생성 AI를 사용하면 나만의 책 표지와 같은 다양한 이미지 자료를 순식간에 만들 수 있습니다. 참고로 〈코스모폴리탄〉은 아래와 같은 프롬프트를 입력해 결과물을 얻었습니다.

프롬프트   a strong female president astronaut warrior walking on the planet Mars, digital art synthwave
(강한 전사인 여성 우주 비행사가 화성을 걷고 있는 이미지를 디지털 아트 신스웨이브 스타일로)

▲ OpenAI의 달리로 만든 〈코스모폴리탄〉 표지[18]

---

18 GLORIA LIU, "The World's Smartest Artificial Intelligence Just Made Its First Magazine Cover", 2022, 〈COSMOPOLITAN〉.
출처 : https://docs.google.com/spreadsheets/d/1ivT4W3ehnsGVVYSgxaw8ioPvV8H−k1mQ_sy7bVat8t0/edit#gid=0

또 다른 사례로, 케첩으로 유명한 미국의 식품 제조기업 크래프트 하인즈(Kraft Heinz)는 달리를 이용하여 '케첩 그리기 캠페인(Draw Ketchup Campaign)'을 진행하였습니다. 이 과정에서 갖가지 프롬프트가 사용되었고 수많은 케첩 이미지가 제출되었는데 대부분 하인즈의 케첩과 비슷한 모습을 보여주는 것을 강조하며 "AI도 결국 케첩은 하인즈여야 한다는 것을 알고 있다(Even AI knows that ketchup is Heinz)."라고 홍보했습니다. 이미지 생성 AI가 재미있는 마케팅 수단으로 활용된 사례라고 할 수 있습니다.

▲ 크래프트 하인즈의 케첩 그리기 캠페인 영상의 일부와 캠페인 작품 예시[19]

문학 분야에서도 이미지 생성 AI를 활용할 수 있습니다. 오스트리아의 박물관 큐레이터이자 작가인 슈테판 쿠첸베르거(Stefan Kutzenberger)와 아트 테크 랩(Art + Tech Lab)의 책임자 클라라 블룸(Clara Blume)은 달리를 사용하여 표현주의의 대표적인 화가 에곤 실레(Egon Schiele)의 시를 시각화하였습니다. 각 이미지는 시의 일부를 차용하여 프롬프트를 입력하였습니다. 이미지와 관련 없던 분야에서도 이미지 생성 AI를 활용해 새로운 예술 작업을 시도하고 있습니다.

---

19 Rethink Communications, Heinz A.I. Ketchup.
   출처 : https://rethinkideas.com/work/heinz-ketchup/2022/digital-social/heinz-a-i-ketchup/

A painting of tall trees walking along a road, with chirping and trembling birds in front of a white sky in them in the style of Austrian expressionist Egon Schiele

(하얀 하늘 아래 키 큰 나무를 따라 지저귀며 떨고 있는 새들을 오스트리아 표현주의 화가 에곤 실레 풍으로)

Lakeshore Without Sun, 1913 in the expressionist style of Egon Schiele

(태양 없는 호숫가, 1913년 표현주의 화가 에곤 실레 스타일로)

"A painting of tall trees walking along a road, with chirping and trembling birds in front of a white sky in them in the style of Austrian expressionist Egon Schiele"

"Lakeshore Without Sun, 1913 in the expressionist style of Egon Schiele"

▲ 에곤 실레의 시를 달리의 프롬프트로 활용해 시각화하는 작업[20]

앞서 살펴본 사례처럼 자체적으로 이미지 생성 AI를 개발하지 않더라도 이미 실생활에 활용할 수 있는 환경이 갖추어졌습니다. 이제 그림 실력과 상관없이 이미지를 생성해 활용할 수 있고, 머릿속에만 있던 상상을 현실로 만들 수 있는 새로운 기회는 얼마든지 열려 있습니다.

기존에 그림을 그리던 사람이나 예술가도 본인의 스타일을 확장하면서 새로운 것들을 배울 수 있을 것입니다. AI를 통해 영감을 얻을 수도 있고 오랜 시간이 걸리던 반복적인 일을 단축해 더 중요한 부분에 집중하거나 다양한 작품을 만들어낼 수

---

20 OpenAI, DALL·E 2: Extending creativity, 출처 : https://openai.com/blog/dall-e-2-extending-creativity

있는 것입니다.

생성형 AI의 발전으로 개인은 물론 산업의 구조도 바꾸고 있습니다. 이미 세상은 AI와 관련해 다음과 같은 네 개의 집단으로 나뉘고 있습니다.

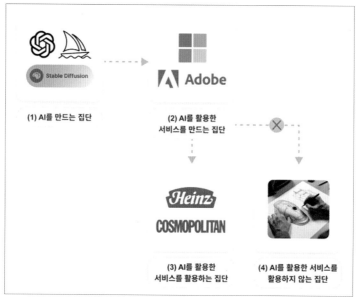

▲ AI를 만드는 집단, 활용하는 집단, 서비스 활용/미활용 집단

며칠, 수십 시간이 걸리던 디자인 작업을 단 20초 만에 해치우는 것처럼 AI는 기존의 작업 방식을 바꾸고 있습니다. AI가 발전하면 할수록 이를 활용해 서비스를 만드는 집단의 서비스 품질, 또 AI를 활용해 업무를 처리하는 집단과 아닌 집단의 작업 효율 차이는 무시할 수 없을 정도로 커질 것입니다.

앞으로 이 책을 통해 프롬프트 사용법을 간단히 익혀볼 것입니다. 배경화면, 발표/설명 자료에 넣을 이미지 제작 방법, 나만의 그림, 동호회 로고 혹은 홍보 포스터 등을 손쉽게 만드는 방법으로 이미지 생성 AI 활용 방법에 대해 학습해볼 것입니다. 이를 통해 다가올 미래에서 남들보다 한 발 앞서가기 위한 내용을 학습하는 유익한 시간이 되었으면 합니다.

CHAPTER 02
이미지 생성 AI 사용 준비하기

어떤 AI를
사용하면 좋을까?

이미지 생성 AI 비교하기

2024년 2월 기준으로 일반인이 활용할 수 있는 대표적인 이미지 생성 AI는 달리 (DALL-E), 미드저니(Midjourney), 스테이블 디퓨전(Stable Diffusion)이 있습니다. 이 세 가지 이미지 생성 AI는 모두 간단한 프롬프트 입력만으로 놀라운 수준의 결과물을 만들어줍니다. 셋 중 하나의 AI만 사용해도 문제는 없지만, 이미지 생성 AI는 빠르게 발전하고 있어서 세 AI 중 어떤 모델이 가장 좋다고 말하기 어렵습니다. 따라서 본인의 사용 목적과 필요한 기능에 맞춰 알맞은 서비스를 사용하는 것을 추천합니다.

세 AI 모두 지속적으로 성능을 업데이트하고 있으며 각 서비스마다 제공하는 기능과 강점이 조금씩 다릅니다.

서비스	달리	미드저니	스테이블 디퓨전
비용	유료	유료	무료
사용 방법	홈페이지, API	디스코드	자체 설치
추가 기능	ChatGPT 결합	업스케일, 변형	수많은 변형 기능 제공

앞으로 프롬프트 엔지니어링을 학습할 때는 컴퓨터 사양에 상관없이 실행할 수 있고, 대부분의 이미지에서 일관된 성능을 보여주는 미드저니를 중심으로 학습하겠습니다. 물론 달리의 인페인팅(In-painting), 아웃페인팅(Out-painting), 이미지 투 이미지(Img2img) 등 고급 기능 사용 예시는 물론 스테이블 디퓨전의 사용 방법 또한 다룰 것입니다. 각 단계에서 프롬프트를 이해해보고, 사용한 모델을 참고하여 다른 AI에서도 따라 해보는 것을 추천합니다.

스테이블 디퓨전은 무료이지만 홈페이지나 디스코드에서 실행할 수 있는 달리, 미드저니와 달리 직접 설정하고 코드를 실행해야 하는 과정이 필요하므로, 어느 정도 이미지 생성 AI에 익숙해진 후 도전해보기 바랍니다.

이미지 생성 AI는 포토샵처럼 기능이나 사용 방법을 익혀야 했던 기존 프로그램과 달리 프롬프트라는 문장만 입력하면 되므로 복잡한 학습 없이 쉽게 사용할 수 있습니다. 직접 여러 가지 AI를 사용해보고 AI를 사용하려는 상황과 목적에 따라 본인에게 맞는 AI를 찾아보기 바랍니다.

달리3 사용 방법과 기능 익히기

이미지 생성 AI 달리

달리(DALL-E)는 가장 먼저 출시된 상용 이미지 생성 AI로 2021년 1월에 등장하자마자 엄청난 관심을 받았습니다. 'DALL-E'라는 이름은 디즈니 영화 〈WALL-E〉와 예술가 살바도르 달리(Salvador Dalí)에서 따왔으며, 자연어 텍스트를 활용한 프롬프트를 입력하거나 이미지를 첨부해 AI가 알맞은 이미지를 생성, 수정해주는 놀라운 기능으로 신선한 충격을 주었습니다.

2022년 4월에는 업그레이드 버전인 달리2(DALL-E 2)가 등장했습니다. 기존 버전에 비해 더욱 향상된 성능으로 더 큰 관심을 받았습니다. CLIP 등의 최신 모델을 활용하여 개발되었고 더욱 많은 양의 이미지와 텍스트 데이터를 활용하여 학습되었습니다. 출시부터 미술, 패션, 마케팅 등 다양한 분야에 활용되며 혁신적인 능력을 보여주었으며, AI 그림 관련 기술 발전을 촉진하는 데 크게 기여하였습니다. 2023년 9월에는 달리3(DALL-E 3)로 업그레이드되며 동일한 개발사인 OpenAI의 ChatGPT와 결합되는 방식으로 출시했습니다. 초기에는 ChatGPT4 모델의 플러그인 중 하나처럼 활용할 수 있었지만, 이제는 완전히 내장되어 초보자들의 접근성이 훨씬 개선되었습니다. 또 ChatGPT의 다양한 기능을 함께 활용할 수 있는 가능성도 보여주었습니다.

달리는 이미지 생성만 가능한 스테이블 디퓨전, 미드저니와 차별되는 장점으로 이미지 생성과 동시에 프롬프트에 따라 텍스트도 같이 출력할 수 있습니다. 예를 들어, 어린 아이에게 추천할 수 있는 동화 시놉시스를 생성하면서 이에 필요한 삽화를 같이 요청하면 텍스트와 이미지를 같이 활용할 수 있습니다. 다만 달리2에 있었던 인페인트, 아웃페인트 등 사용자가 임의로 이미지를 편집할 수 있는 기능은 현재 제공되지 않습니다.

달리3 사용 시 한 가지 유의사항으로 성차별, 인종차별 등 AI 윤리 문제를 고려해 폭력적이거나 성적인 콘텐츠, 정치적 콘텐츠, 유명인의 실사 이미지 등에 대해서는 서비스 제한이 걸려 있습니다. 해당 키워드를 입력하는 경우 이미지 생성이 불가하며 특히 특정 인물을 묘사할 경우 대부분 왜곡된 형태로 나타나거나 생성 자체가 거부되기도 합니다.

앞서 설명한 것처럼 이미지 생성 AI는 기존 학습 데이터를 기반으로 결과를 만들어냅니다. 때때로 알맞은 이미지가 없는 경우 얼굴이 부자연스럽게 나타나거나, 외모를 특정하지 않을 경우 여러 인종의 결과물이 등장하기도 합니다.

▲ Kids eating a lemon(레몬을 먹고 있는 아이들)에 대한 부자연스러운 얼굴 묘사(달리2 모델 생성)

달리3의 가격 정책 알아보기

기존 달리2는 크레딧을 구매하고 이미지를 생성할 때마다 크레딧을 사용해야 했습니다. 반면 달리3는 별도의 웹 서비스를 사용하는 것이 아니라 ChatGPT Plus 를 구독해 ChatGPT4 모델에서 바로 사용할 수 있습니다. ChatGPT4 모델을 사용 하려면 기본 요금 $20에 부가세 $2를 포함해 월 $22를 결제해야 합니다. 기존 크 레딧을 사용하는 방식과 다르게 달리3는 세 시간에 총 40~50건의 질의가 가능한 ChatGPT4와 동일하게 사용할 수 있습니다.

TIP 기본적으로 ChatGPT4에서는 한 번에 연속으로 사용할 수 있는 대화의 양이 정해져 있습니다. 2024년 초를 기준 으로는 세 시간 당 50건의 질의가 가능하지만 정책이 수시로 바뀝니다. 달리3의 이미지 생성 기능도 ChatGPT4 의 사용량에 포함됩니다.

> NOTE 빙 채팅, 코파일럿에서 달리3 사용하기
>
> 달리3는 마이크로소프트에서 제공하는 코파일럿(Coplilot), 빙 채팅에서도 사용해볼 수 있습니다. 마이크로소프트 계정을 생성하면 기본적으로 80크레딧(보상 포인트)이 주어 지며, 여러 보상 이벤트로 크레딧 추가 획득이 가능합니다. 코파일럿, 빙 채팅은 기본적 으로 ChatGPT4 모델을 사용하지만 웹 검색에 특화된 변형 모델을 사용합니다. 따라서 ChatGPT4에 비해 정교한 이미지 생성은 다소 어려울 수 있습니다. 하지만 ChatGPT Plus를 바로 구독하지 않고 간단히 마이크로소프트에 가입한 후 사용할 수 있으므로 달리3 의 대략적인 성능을 확인하기에 좋은 선택이 될 수 있습니다.

ChatGPT 회원 가입하기

달리3는 별도로 가입할 필요 없이 OpenAI의 ChatGPT에 가입한 후 활용할 수 있습니다. 단, 달리3를 사용하기 위한 ChatGPT Plus 구독은 필수입니다.

01 ❶ ChatGPT 홈페이지에 접속한 후 ❷ [Sign up]을 클릭합니다.

TIP ChatGPT 홈페이지에 접속하려면 주소창에 URL을 직접 입력(https://chat.openai.com/)하거나 구글 등 검색 사이트에 **ChatGPT**로 검색해 접속할 수 있습니다.

02 회원 가입 페이지로 이동합니다. ❶ 이메일 주소를 입력하거나 ❷ 구글 및 마이크로소프트, 애플 기존 계정으로도 바로 가입할 수 있습니다. 이메일을 입력했다면 ❸ [계속]을 클릭해 인증 절차를 시작합니다.

TIP 생년월일, 핸드폰 번호 인증을 묻는 화면이 나타날 수 있습니다. 입력 후 [확인]을 클릭하면 됩니다.

03 회원 가입이 완료되면 ChatGPT 메인 화면으로 이동합니다.

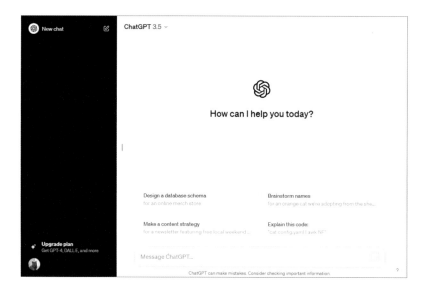

텍스트(프롬프트)로 이미지 생성하기

달리의 프롬프트 사용 방식은 스테이블 디퓨전, 미드저니와 유사했으나 ChatGPT4에 내장되며 방식이 약간 변경되었습니다. 기본적인 이미지 생성 프롬프트는 유사하지만 필요한 키워드만 포함된다면 챗봇과 채팅하듯 이미지를 생성할 수 있고, 생성 후에도 대화하듯 이미지를 수정할 수 있습니다.

01 ❶ ChatGPT 홈페이지에 접속합니다. ❷ 프롬프트 입력란에 아래의 프롬프트를 입력한 후 Enter 를 누릅니다.

> 프롬프트 Photo of Lion Playing Tennis on Mars(화성에서 테니스를 치는 사자 사진)

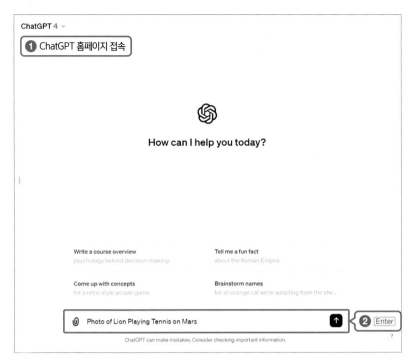

달리를 사용하기 전 왼쪽 상단에 ChatGPT 모델이 [ChatGPT4]로 선택되어 있는지 확인합니다. 왼쪽 메뉴에서 새 대화 📝를 생성해 진행할 수도 있습니다.

02 ChatGPT에서 달리3가 작동하면 'Creating image'라는 메시지가 나타납니다. 잠시 기다리면 이미지 생성이 완료됩니다.

03 ❶ 이미지 생성이 완료되고 결과물에 대한 간단한 설명도 텍스트로 출력됩니다. 이미지에 마우스 포인터를 올리면 ❷ 이미지 생성 결과에 대한 평가, ❸ 다운로드 아이콘이 나타납니다. 이미지를 클릭하면 확대해서 볼 수도 있습니다.

04 이미지가 확대됩니다. ❶ ❌를 클릭해 닫거나 ❷ ⬇를 클릭해 이미지를 다운로드할 수 있습니다.

이처럼 달리3는 단순한 대화로도 이미지를 생성할 수 있다는 점에서 미드저니, 스테이블 디퓨전에 비해 접근성이 좋다는 장점이 있습니다.

하지만 ChatGPT 내에서 별도의 인페인팅, 아웃페인팅, 기존 이미지를 바탕에 두고 미세하게 변형할 수 있는 기능, 여러 이미지를 한 번에 생성하고 이를 업스케일하는 기능이 사라지면서 활용성은 다소 떨어졌습니다.

> **TIP** 인페인팅은 현재 생성된 이미지의 세부 요소를 수정하는 기능, 아웃페인팅은 현재 생성된 이미지를 바탕에 두고 확장된 이미지를 생성하는 기능입니다. 달리2에서는 제공되었으나 ChatGPT와 결합된 달리3에서는 사용이 제한됩니다.

다만 기존 대화를 계속 이어서 작성할 수 있어 작업의 연속성을 가진다는 점, 이미지 생성 외에도 다양한 작업을 동시에 진행할 수 있는 점을 잘 활용한다면 좋은 이미지 작업 도구가 될 것입니다. 아래 그림은 이미지를 생성한 후 SNS에 같이 올리면 좋은 텍스트 생성을 요청했을 때의 예시입니다.

You
생성한 이미지와 같이 SNS에 업로드할 수 있는 새로 출시한 테니스 라켓에 대한 재미있는 이야기를 300자 내외로 생성해주세요.

ChatGPT
"방금 화성에서 찍은 듯한 기상천외한 사진을 보셨나요? 그렇다면 이걸 보세요! 최근 출시된 테니스 라켓 '갤럭시 스매시'는 단순한 스포츠 장비가 아닙니다. 이 라켓은 특별한 나노 기술로 만들어져, 우주에서도 사용할 수 있을 정도의 내구성을 자랑해요. 심지어 화성의 무중력 상태에서도 완벽한 플레이를 보장한다고 합니다. 이 라켓으로 당신도 우주 최고의 선수가 될 수 있습니다. 화성에서 사자가 테니스를 치는 모습, 상상만으로도 짜릿하죠? '갤럭시 스매시'와 함께라면 불가능은 없습니다!"

NOTE 한글 프롬프트 입력

달리3는 ChatGPT와 결합되어 한글로도 프롬프트를 입력할 수 있습니다. 단, 달리3는 ChatGPT가 한글로 입력된 프롬프트를 자체적으로 번역한 후 인식하기 때문에 복잡한 프롬프트의 경우 한국어와 영어 사이의 사소한 의미 차이 때문에 결과물이 약간 다르게 나타날 수 있습니다. 오른쪽 예시는 '화성에서 사자가 테니스를 치는 장면을 80년대 만화 같은 스타일'로 생성해달라고 한글 프롬프트를 입력했을 때의 결과입니다.

You
화성에서 사자가 테니스를 치는 장면을 생성해주세요. 미국 80년대 만화같은 스타일의 그림 스타일입니다.

ChatGPT

Here is the image of a lion playing te↓ on Mars, styled in an American 1980s cartoon theme.

프롬프트로 이미지 변형하기

달리3는 ChatGPT에 내장되어 앞선 프롬프트(대화 내용)의 맥락을 인식할 수 있습니다. 이런 특성 덕분에 기존의 방식에서 벗어나 대화를 계속 이어가며 이미지를 변경할 수 있습니다.

01 이번에는 한글로 프롬프트를 입력해보겠습니다. ❶ ChatGPT 프롬프트 입력란에 아래 프롬프트를 입력하고 Enter를 누릅니다. ❷ 잠시 기다리면 이미지 생성이 완료됩니다.

> 프롬프트   화성에서 테니스를 치는 사자 사진

02 이미지의 비율을 변경해보겠습니다. ❶ ChatGPT 프롬프트 입력란에 아래 프롬프트를 입력하고 Enter 를 누릅니다. ❷ 잠시 기다리면 이미지 생성이 완료됩니다.

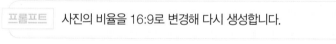

사진의 비율을 16:9로 변경해 다시 생성합니다.

이미지 업로드해 변형하기

이미지 변형은 기존 프롬프트를 활용할 수도 있고 컴퓨터에 저장한 이미지를 불러와 직접 변형할 수도 있습니다.

01 ❶ 📎를 클릭하고 이미지를 선택해 업로드합니다. ❷ChatGPT 프롬프트 입력란에 아래 프롬프트를 입력하고 Enter 를 누릅니다.

> **프롬프트** 업로드한 이미지를 참고해 다시 이미지를 생성합니다. 배경은 화성이 아니라 달로 바꿉니다. 사자와 테니스 대결을 벌이는 강아지를 추가합니다. 강아지와 사자는 우주복을 입고 있고 다이내믹한 자세로 경기를 진행합니다.

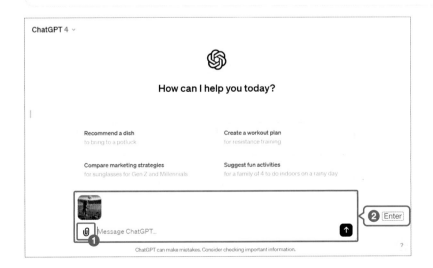

02 이미지 업로드가 완료되면 프롬프트와 함께 입력되고 이미지 생성이 시작됩니다.

업로드한 이미지를 참고해 다시 이미지를 생성합니다. 배경은 화성이 아니라 달로 바꿉니다. 사자와 테니스 대결을 벌이는 강아지를 추가합니다. 강아지와 사자는 우주복을 입고 다이나믹한 자세로 경기를 진행합니다.

🖼️ **ChatGPT**
  🖼️ Creating image

03 이미지가 수정됩니다. 추가로 비율도 수정해보겠습니다. ChatGPT 프롬프트 입력란에 아래 프롬프트를 입력하고 Enter 를 누릅니다.

> 프롬프트   이미지 비율을 16:9로 변경합니다. 강아지는 테니스 라켓을 들고 있고, 조금 더 멀리서 바라본 구도로 변경합니다.

🖼️ **ChatGPT**

Here is the image you requested, with a lion and a dog playing tennis on the Moon.

이미지 비율을 16:9로 변경합니다. 강아지는 테니스 라켓을 들고 있고, 조금 더 멀리서 바라본 구도로 변경합니다.

ChatGPT can make mistakes. Consider checking important information.

04 이미지 변형이 완료되었습니다.

다음 그림은 레오나르도 다빈치의 모나리자 그림을 업로드하고 동일한 화풍을 유지한 상태에서 사람 모델을 사자로 바꿔달라고 요청했을 때의 예시입니다.

업로드한 이미지는 16세기 레오나르도 다빈치의 '모나리자'입니다. 이 이미지의 화풍을 참고해 사람 모델을 사자로 교체한 이미지를 생성합니다. 화풍은 원본과 유사하게 유지합니다.

Here is the generated image of an anthropomorphic lion in a pose and style reminiscent of the Mona Lisa.

미드저니 사용 방법과 기능 익히기

이미지 생성 AI 미드저니

미드저니(Midjourney)는 서비스 이름과 같은 미드저니사에서 2022년 7월 12일 출시한 이미지 생성 AI로, 달리2보다 늦게 등장했습니다. 출시 초기에는 달리에 비해 낮은 성능을 보여주었지만 꾸준한 업데이트가 이루어졌고, 2023년 12월 미드저니 6.0 알파 버전이 출시되며 뛰어난 성능을 보여주고 있습니다.

모델이나 데이터를 공개하지 않아 AI의 동작 구조를 파악할 수 없지만 버전 5에서 디테일한 부분을 더욱 잘 묘사하고 훨씬 선명한 이미지를 만들어내도록 업데이트되었습니다. 구조 개선은 물론, 학습 데이터를 업데이트했을 것으로 추측됩니다. 다음 이미지는 동일한 프롬프트를 사용해 미드저니 버전 1(왼쪽)과 버전 5(오른쪽)

의 결과를 비교한 것입니다.

Organic house embedded into the hilly terrain designed by Kengo Kuma, architectural photography, style of archillect, futurism, modernist architecture.

(건축가 구마 겐고가 디자인한 언덕 지형의 오가닉 하우스, 건축 사진, Archillect의 스타일, 미래 지향적, 모던한 건축물)

pixiv, hyper detailed, harajuku fashion, futuristic fashion, anime girl, headphone, colorful reflective fabric inner, transparent PVC jacket, backpack

(픽시브, 극도로 상세한, 하라주쿠 패션, 퓨처리스틱 패션, 애니메이션 소녀, 헤드폰, 화려한 반사 원단, 투명한 PVC 재킷, 배낭)

미드저니는 이미지의 특정 부분을 편집하는 '이미지 편집 기능', 기존 이미지를 더 보강하여 해상도를 높이고 더 많은 디테일을 추가하는 '이미지 보강 기능', 두 개의 이미지의 속성을 섞는 '이미지 블렌드' 기능이 강점이라 할 수 있습니다.

미드저니의 가격 정책 알아보기

미드저니를 사용하기 위해 Basic Plan을 필수로 구독해야 합니다. 디스코드 메시지 입력란에 **/subscribe** 커맨드(명령어)를 입력해 구독할 수 있습니다. 구독을 통해 미드저니 계정의 개인 링크가 생성됩니다.

> TIP 구독료 결제 과정에서는 본인의 디스코드 계정이 맞는지 잘 확인한 후 진행해야 하며 개인 링크는 타인과 공유하지 않아야 합니다.

플랜	Basic Plan	Standard Plan	Pro Plan	Mega Plan
가격($)	월 $10 / 연 $96	월 $30 / 연 $288	월 $60 / 연 $576	월 $120 / 연 $1152
패스트 모드	매월 25분	매월 900분	매월 1,800분	매월 60시간
릴랙스 모드	불가능	무제한	무제한	무제한
동시 작업	3개	3개	12개	12개
상업적 사용	가능	가능	가능	가능
회원 갤러리 접근	가능	가능	가능	가능
스텔스 모드	불가능	불가능	가능	가능

▲ 미드저니 가격 정책 및 플랜별 사용 기능 소개

플랜별 사용 기능 중 패스트 모드(Fast Mode)는 이미지 생성 시간을 줄여주며, 릴랙스 모드(Relax Mode)는 다른 패스트 요청이 없을 때 이미지가 생성되어 최대 10분이 소요됩니다. 스텔스 모드(Stealth Mode)는 자신이 생성한 그림을 다른 사람에게 공개하지 않는 기능입니다.

미드저니 실행을 위한 디스코드 준비하기

디스코드(Discord)는 일종의 온라인 채팅 서비스입니다. 실행하는 방법은 웹 실행, 프로그램 설치 후 실행 등 두 가지입니다. 이 책에서는 웹에서 실행하는 방법으로 알아보겠습니다.

01 ❶ 디스코드 홈페이지(https://discord.com)에 접속합니다. ❷ [웹브라우저에서 Discord 열기]를 클릭합니다.

02 디스코드가 이미 설치되어 있는 경우 다음과 같이 앱이 감지된다는 메시지가 등장합니다. 브라우저에서 디스코드를 열고자 하므로 [브라우저에서 계속하기]를 클릭합니다.

TIP 설치되지 않은 경우 바로 로그인 및 회원 가입을 할 수 있는 페이지가 나타납니다.

03 로그인 페이지가 나타납니다. ❶ 계정이 없는 경우 [가입하기]를 클릭하고 회원으로 가입하거나 ❷ 이미 있을 경우 계정으로 로그인합니다.

TIP '인증 필요'라는 페이지가 나타나면 [전화번호 인증]을 클릭합니다. [+82] 번호를 선택한 후 앞자리 0을 빼고 자신의 전화번호를 입력해 인증하세요.

NOTE 디스코드 실행 프로그램 설치하기

메인 화면에서 각 운영체제별 [다운로드]를 클릭해 설치할 수 있습니다. 현재 사용하는 운영체제가 맥 환경이라면 [Mac용 다운로드]가 나타나고 윈도우 환경이라면 [Windows용 다운로드]가 나타납니다. 설치 후 계정으로 가입하거나 로그인할 수 있습니다.

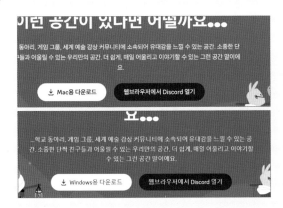

디스코드 미드저니 서버 접속하기

미드저니는 웹사이트가 아닌 디스코드에서 사용할 수 있습니다. 미드저니를 사용하기 위해선 먼저 서버에 가입해야 합니다.

01 ❶ 사용하는 PC에 디스코드가 설치된 상태에서 미드저니 홈페이지(https://www.midjourney.com)에 접속합니다. ❷ 하단의 [Join the Beta]를 클릭합니다.

02 디스코드에 로그인 페이지가 나타나면 앞서 가입한 계정으로 로그인합니다.

03 로그인했거나, 로그인되어 있다면 ❶ 미드저니 서버의 초대 메시지가 나타납니다. [초대 수락하기]를 클릭합니다. ❷ 미드저니를 사용할 수 있는 서버에 접속된 것을 확인할 수 있습니다.

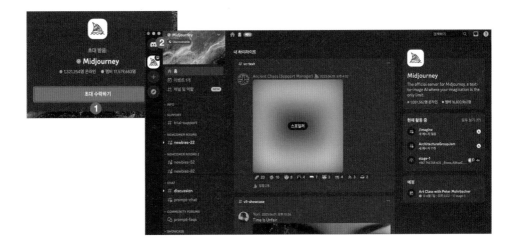

디스코드 미드저니 서버 사용하기

서버에 접속한 후 가장 먼저 뉴비 채널(Newbies Channel)을 찾아야 합니다. 서버 메인 화면 왼쪽 채널 목록에서 [newbies-#] 채널을 클릭해 접속할 수 있습니다. 이때 뒤에 붙는 숫자는 상관없습니다.

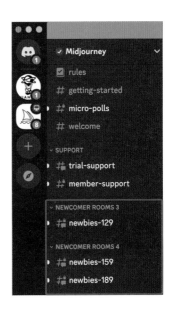

> **TIP** 뒤에서 알아볼 이미지 생성 커맨드는 미드저니 봇(AI)이 있는 채널에서만 사용이 가능하며, #trial-support와 같은 일반 채널에서는 사용할 수 없습니다.

이미지는 AI 봇과 채팅하는 형태로 생성할 수 있습니다. 미드저니 봇과 소통하기 위해서는 '/'로 시작하는 커맨드를 사용합니다. 커맨드는 이미지를 만들거나, 기본 설정 변경, 사용자의 정보 모니터링 등 이미지 생성 관련 옵션을 조정하는 데 사용됩니다. 본격적으로 이미지를 생성하기 위해서는 **/imagine** 커맨드를 사용해 짧은 설명(프롬프트)을 전달합니다.

▲ /imagine 커맨드를 입력한 후 Enter를 누르면 추가로 입력할 수 있는 'prompt' 공간이 나타납니다. 또는 팝업되는 커맨드를 직접 클릭해도 됩니다.

TIP 만약 미드저니 봇의 'terms of service'에 대한 팝업이 나타나면 [허용]을 클릭합니다. 이미지 생성을 처음 시도하는 데 팝업이 보이지 않는다면 로그아웃하고 디스코드를 업데이트한 후 다시 로그인해야 합니다.

프롬프트에 본인이 생각하는 이미지에 대한 설명을 입력한 후 Enter를 누르면 바로 이미지 생성이 시작됩니다. 네 개의 이미지를 제작하는 데 약 1분의 시간이 소요되며, 첫 이미지를 생성한 시점부터 미드저니 체험판이 활성화됩니다. 체험판 사용자는 이미지를 25번 무료로 생성할 수 있고 이후로는 구독을 해야 합니다.

체험판에서는 이미지 업스케일링, 베리에이션 생성 등 기본 기능을 모두 체험해 볼 수 있으며 **/info** 커맨드를 입력하면 현재 체험판의 잔여 생성 횟수와 사용자의 프로필 정보를 확인할 수 있습니다.

미드저니로 이미지 생성하기

그럼 미드저니를 이용해 영화 〈그랜드 부다페스트 호텔〉의 감독 웨스 앤더슨(Wes Anderson) 특유의 아트 스타일로 재구성한 도서관 이미지를 만들어보겠습니다.

01 ❶ 채널 채팅 입력란에 **/imagine**을 입력한 후 ❷ 아래 제시된 프롬프트를 입력합니다. ❸ Enter 를 누릅니다.

 Library in Wes Anderson style(웨스 앤더슨 느낌의 도서관)

02 잠시 시간이 지난 후 요청한 프롬프트가 반영된 네 개의 이미지 결과물이 생성됩니다.

TIP 생성된 이미지를 클릭하면 큰 이미지를 확인할 수 있습니다.

TIP 프롬프트를 똑같이 입력해도 똑같은 그림이 생성되지는 않습니다. 정상적인 상황이므로 이미지가 완전히 똑같지 않아도 실습을 진행합니다.

이미지를 수정하는 버튼 컴포넌트 알아보기

네 개의 이미지 아래에 위치한 버튼 컴포넌트로 이미지를 수정할 수 있습니다. 각 버튼 컴포넌트 뒤의 번호는 이미지에서 아래 그림 그리드의 번호와 연동됩니다.

❶ [U1]~[U4]를 클릭하면 선택된 이미지를 더 큰 버전으로 업스케일링합니다. 동시에 이미지 내에 디테일이 추가된 결과물이 생성됩니다.

❷ [V1]~[V4]를 클릭하면 선택된 이미지의 베리에이션 버전을 생성합니다. 베리에이션을 선택하면 앞서 생성된 결과물과 유사하게 그리드가 있는 네 개의 베리에이션을 결과물로 생성해줍니다.

❸ ⟳을 클릭하면 현재 단계의 이미지 생성 과정을 한 번 더 진행합니다. 가장 처음 입력한 프롬프트에 대한 네 개의 새 이미지 생성이 진행됩니다.

03 생성된 이미지에서 두 번째 이미지를 더 높은 해상도로 업스케일해보겠습니다. ❶ 그리드에서 두 번째 이미지이므로 ❷ [U2]를 클릭합니다. 클릭하면 버튼이 파란색으로 바뀝니다.

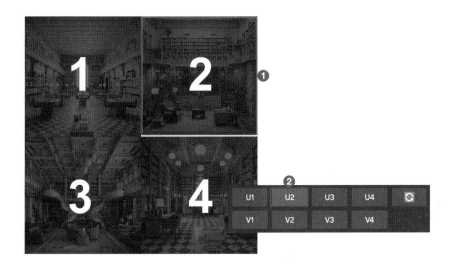

04 업스케일이 완료되면 이미지의 디테일이 보강된 고해상도의 이미지가 생성됩니다.

이미지를 업스케일한 후에는 여러 가지
새로운 옵션 버튼이 나타나는 것을 확인
할 수 있습니다.

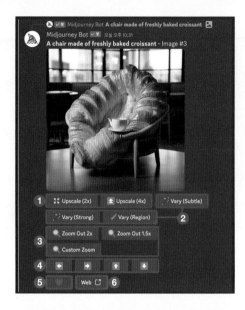

❶ **Upscale (2x, 4x)** | 업스케일을 진행
하여 두 배, 네 배 커진 이미지 파일
을 제공합니다.

❷ **Vary** | 업스케일된 이미지의 새 베리
에이션 네 개를 생성합니다. Subtle
옵션은 수정 강도가 약하고, Strong
옵션은 수정 강도가 강하게 적용됩니
다. Region은 부분 수정 기능을 제공
하는 옵션입니다. 자세한 내용은 348
쪽을 참고합니다.

❸ **Zoom out** | 업스케일된 이미지를 줌아웃한 이미지를 다시 생성합니다. 자세한 내용은
149쪽을 참고합니다.

❹ **Pan** | 업스케일된 이미지를 상, 하, 좌, 우로 확장하여 이미지를 다시 생성합니다. 자세
한 내용은 351쪽을 참고합니다.

❺ **emoji** | 생성된 이미지를 평가할 수 있습니다. 매일 상위 1,000개의 이미지 평가자들
은 한 시간 정도의 패스트 모드 시간을 제공받습니다.

❻ **Web** | 미드저니 웹사이트 갤러리에서 이미지를 엽니다.

미드저니에서 이미지 변형하기

01 이번에는 이미지의 베리에이션 결과물을 생성하는 방법에 대해 알아보겠습니다. 2번 이미지에 해당하는 버튼 컴포넌트에서 [V2]를 클릭합니다.

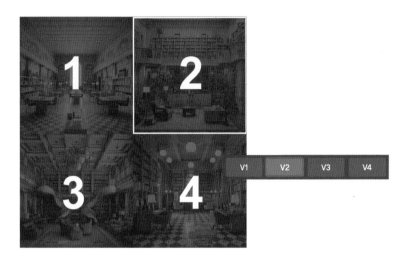

02 베리에이션 생성이 완료되면 원본의 2번 이미지를 변형한 결과물 네 개가 나타납니다.

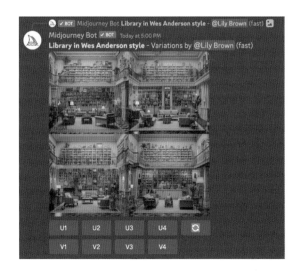

03 작은 이미지로는 큰 차이가 없는 것처럼 보이지만, 확대해보면 책장 위 화분, 소파의 종류, 천장 인테리어 등의 세세한 부분에 차이가 있습니다.

▲ 원본 이미지

디테일이 변형된 이미지 ▶

04 만약 처음으로 생성된 이미지나 베리에이션으로 등장한 네 개의 이미지가 마음에 들지 않는다면 🔄를 클릭해 같은 프롬프트로 새 이미지를 생성할 수 있습니다.

NOTE 이미지 생성 히스토리 확인하기

미드저니에서 생성한 모든 이미지는 미드저니 웹사이트에서 찾을 수 있습니다.

01 ❶ 미드저니 계정 관리 페이지(https://www.midjourney.com/account/)에 접속합니다. ❷ [Log in]을 클릭해 가입했던 계정으로 로그인합니다.

TIP 처음 미드저니에 접속할 경우 디스코드에서 미드저니 홈페이지 사용 권한 승인이 필요합니다.

02 로그인하면 Explore 화면이 등장합니다. 해당 화면에서는 전 세계의 다양한 사용자가 생성한 이미지를 확인할 수 있습니다. 이미지를 클릭하면 이미지 생성에 사용한 프롬프트도 확인할 수 있습니다.

03 ❶ 왼쪽 메뉴에서 [My Images]를 클릭합니다. 사용자가 생성한 이미지가 섬네일 형식으로 나타납니다. ❷ 생성한 이미지 중 임의의 이미지 섬네일을 클릭합니다.

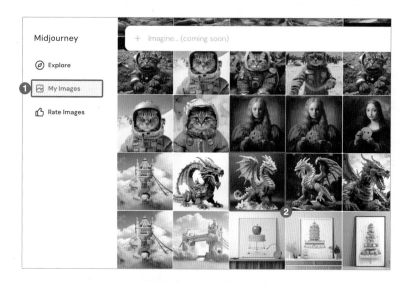

04 선택한 이미지에 대한 추가 정보를 확인할 수 있습니다. 이미지 생성에 사용한 프롬프트와 생성된 시기 등 자세한 정보를 확인할 수 있습니다.

05 ❶ 오른쪽 상단의 더 보기⋯를 클릭합니다. ❷ [Download]를 클릭해 이미지를 다운로드할 수 있고, ❸ [Open in Discord]를 클릭하면 해당 작업을 디스코드에서 직접 확인할 수 있습니다.

06 이미지를 클릭하면 이미지가 확대됩니다.

스테이블 디퓨전 사용 방법과 기능 익히기

이미지 생성 AI 스테이블 디퓨전

스테이블 디퓨전(Stable Diffusion)은 스태빌리티 AI가 2022년 8월 22일 출시한 이미지 생성 AI로, 책에서 다루는 이미지 생성 AI 중 가장 늦게 등장하였습니다. 가장 늦게 등장한 데다가 달리와 미드저니보다 뛰어난 성능을 보여주지 않았지만 엄청난 관심을 받았습니다. 프로그램 코드를 공개해 누구나 이를 보고 활용할 수 있는 오픈 소스로 배포한 덕분입니다.

기존의 이미지 생성 AI는 공식 홈페이지나 디스코드를 통해 제한적인 이미지 생성만 가능했고 모델 구조와 학습 데이터를 확인할 수 없었습니다. 그러나 스테이블 디퓨전은 스태빌리티 AI가 모델 개발 과정과 어떤 데이터를 사용했는지 누구나 확인할 수 있습니다. 라이선스 내에서 목적에 맞게 프로그램을 수정하고 활용할 수 있어 원하는 이미지 스타일을 추가로 학습시켜 자신만의 이미지 생성 AI를 만들 수 있습니다.

이러한 장점 덕분에 기존에 사용하던 프로그램에 스테이블 디퓨전을 활용한 기능을 추가하는 등 수많은 분야에 이미지 생성 AI가 본격적으로 활용되었습니다. 스테이블 디퓨전은 본인의 컴퓨터에 프로그램을 설치하면 무료로 원하는 만큼 사용할 수 있기 때문에 비용 걱정 없이 작업이 가능하다는 장점도 있습니다.

TIP 자신만의 이미지 생성 AI를 만드는 방법인 전이학습과 로라(LoRA)에 대한 자세한 내용은 280쪽에서 확인할 수 있습니다.

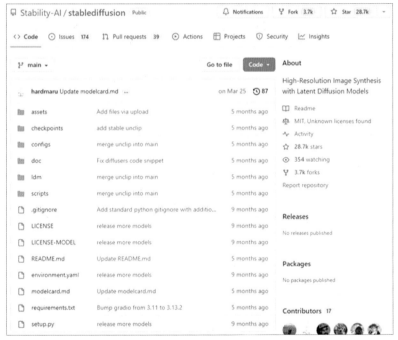

▲ 소스 코드 버전 관리 도구인 깃허브에 스테이블 디퓨전의 코드가 전부 공개되어 있습니다.

누구나 이 코드를 다운로드해 라이선스에 맞게 수정 및 활용할 수 있습니다.

▲ 스테이블 디퓨전을 쉽게 사용할 수 있는 인터페이스를 제공하는 프로젝트인 web UI

단점으로 스테이블 디퓨전은 공개된 코드를 바탕으로 개발 환경을 직접 구축하고 실행해야 합니다. 프로그래밍에 익숙하지 않은 사람들은 사용에 어려움을 느낄 수 있는 부분입니다. 이러한 문제점을 해결하기 위해 프롬프트 입력란과 버튼을 통한 사용자 친화적인 인터페이스를 제공하는 다양한 서비스가 등장했습니다. 현재는 web UI가 가장 많이 사용되고 있습니다.

스테이블 디퓨전의 가격 정책 알아보기

스테이블 디퓨전은 PC만 있다면 무료로 공개된 오픈 소스 코드를 다운로드해 이미지를 생성할 수 있지만 최신 게임, 이미지/영상 작업이 가능한 고성능 GPU(그래픽 카드)가 필요합니다. 최소 사양만 만족해도 스테이블 디퓨전을 실행할 수는 있으나 이미지 생성 과정에 오랜 시간이 소요됩니다. 현실적으로 권장 사양 이상의 성능을 가진 컴퓨터가 필요합니다.

구분	최소 사양	권장 사양
운영체제	Windows 10 이상	Windows 10 이상
그래픽(GPU)	NVIDIA GTX 1050 이상	NVIDIA RTX 3060 VRAM 12GB 이상
저장공간	여유 공간 50GB 이상의 SSD	여유 공간 100GB 이상의 SSD
메모리	최소 8GB 이상	32GB 이상

▲ 최소 사양으로도 스테이블 디퓨전 실행은 가능하나 가급적 권장 사양을 갖춰야 합니다.

물론 새 PC를 구매하지 않고 스테이블 디퓨전을 실행할 수 있는 방법이 있습니다. 바로 GPU가 탑재된 다른 사람의 컴퓨터를 빌려서 사용하는 클라우드 서비스입니다. 클라우드 환경은 이미 설치된 컴퓨터를 필요할 때 필요한 만큼 사용하는 방식입니다. 대표적인 서비스로 구글에서 제공하는 코랩(Colab)이 있고 이 외에도 구름 IDE(Goorm IDE)와 Runpod.io 같은 서비스가 존재합니다.

서비스	코랩	구름 IDE	Runpod.io
무료 사용 가능 여부	가능	가능	불가능
유료 가격	Pro : 월 $9.99 Pro+ : 월 $49.99	Student : 월 8,400원 Basic : 월 12,000원 Premium : 월 25,000원	시간당 $1.79
접근성	높음	중간	낮음
성능	보통	보통	높음

▲ 대표적인 클라우드 서비스 코랩, 구름 IDE, Runpod.io

코랩의 PM(프로덕트 매니저)이 "web UI가 코랩을 편리한 무료 GPU로 사용하고 있고 이로 인해 코랩이 큰 비용을 지불하고 있다."라고 댓글을 작성하며 이미지 생성을 위해 코랩의 GPU를 무료로 사용하는 상황에 불만을 표시한 일이 있었습니다.

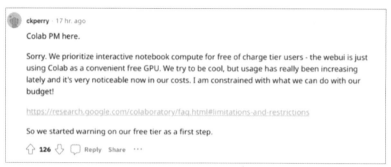

▲ 구글 코랩의 PM 'ckperry'가 Reddit(레딧) 서비스에 web UI로 인한 문제를 제기했던 스레드

클라우드 서비스는 GPU가 필수적인 AI 연구 분야에 많이 활용됩니다. 코랩과 구름 IDE의 경우 GPU가 필요한 AI 개발자들을 위해 시간 제한 혹은 성능 제한이 있는 GPU를 무료로 제공해주었습니다. 하지만 2022년 스테이블 디퓨전이 출시된 후 일반인까지 이미지 생성 AI를 활용하며 GPU 사용량이 급증했고, 이 때문에 개발이나 연구 목적이 아닌 web UI를 활용한 이미지 생성이 금지되었습니다.

▲ GPU 사용량 급증으로 인해 GPU 사용을 제한 중인 구름 IDE(2023년 8월)

구름 IDE의 경우에도 web UI를 사용하여 스테이블 디퓨전을 실행하기 위해서는 고성능 GPU가 탑재된 PC를 사용하거나 유료 클라우드 서비스를 결제한 후 사

용해야 합니다. 따라서 책에서는 무료로 가능한 환경에서 web UI 없이 스테이블 디퓨전을 실행해보고, 프롬프트를 사용하여 이미지를 생성하는 방법을 알아보겠습니다.

스테이블 디퓨전 실행을 위한 코랩 준비하기

스테이블 디퓨전을 사용하기 위해서는 먼저 개발 환경을 준비해야 합니다. 사용자의 PC 사양이 충분해 직접 PC에 설치하는 것이 가장 이상적이지만, 그렇지 않은 경우가 더욱 많습니다. 스테이블 디퓨전 설치 방법은 가장 보편적으로 사용되는 구글의 원격 개발 클라우드 서비스인 코랩을 기준으로 진행해보겠습니다.

01 구글 드라이브(https://drive.google.com/)에 접속합니다.

02 오른쪽 화면의 빈 공간에서 마우스 오른쪽 버튼을 클릭하고 [더보기]–[연결할 앱 더보기]를 클릭합니다.

TIP 이전에 코랩 서비스를 사용했다면 단축 메뉴에 [Google Colaboratory]가 표시됩니다.

03 ❶ 검색란에 **Colaboratory**를 검색합니다. ❷ 가장 앞에 있는 [Colaboratory]를 클릭합니다.

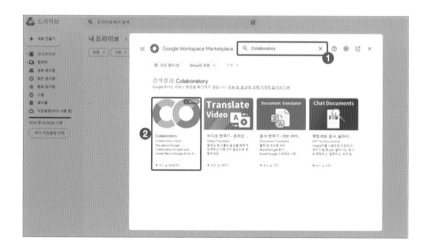

04 Colaboratory 애플리케이션 설명 화면에서 [설치]를 클릭하여 설치합니다.

코랩에서 무료 GPU 사용 환경 만들기

01 코랩 설치를 완료한 후 구글 드라이브 오른쪽 화면의 빈 공간을 마우스 오른쪽 버튼으로 클릭하고 [더보기]-[Google Colaboratory]를 클릭합니다.

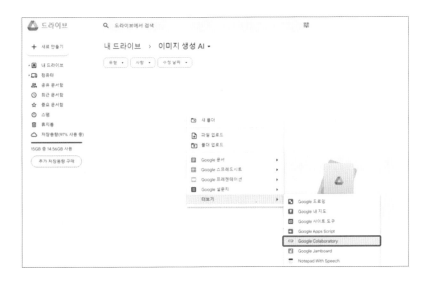

02 코랩이 실행됩니다. 생성된 코랩 문서는 구글 드라이브에서 확인할 수 있습니다.

03 왼쪽 상단의 기본 제목(Untitled0.ipynb)을 클릭해 제목을 수정합니다. 원하는 제목으로 수정해도 됩니다.

TIP 코랩 최초 실행 후 제목과 메뉴가 보이지 않는다면 오른쪽 상단의 ∨를 클릭합니다.

04 [런타임]–[런타임 유형 변경] 메뉴를 클릭합니다.

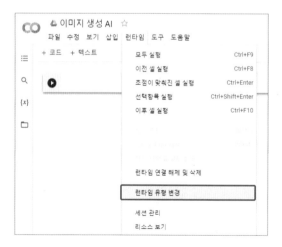

05 [런타임 유형 변경]에서 [하드웨어 가속기]는 ❶ [T4 GPU]를 클릭합니다. ❷ [런타임 유형]은 [Python 3]가 선택되었는지 확인한 후 ❸ [저장]을 클릭합니다.

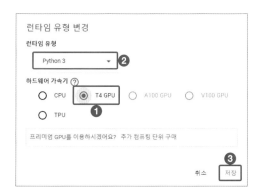

스테이블 디퓨전으로 이미지 생성하기

01 ❶ 코드 입력란에 다음 코드를 입력한 후 ❷ ▶를 클릭해 프로그램을 설치합니다.

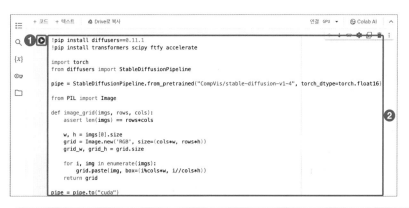

```
!pip install diffusers==0.11.1
!pip install transformers scipy ftfy accelerate

import torch
from diffusers import StableDiffusionPipeline
```

```
pipe = StableDiffusionPipeline.from_pretrained("CompVis/stable-
diffusion-v1-4", torch_dtype=torch.float16)

from PIL import Image

def image_grid(imgs, rows, cols):
    assert len(imgs) == rows*cols

    w, h = imgs[0].size
    grid = Image.new('RGB', size=(cols*w, rows*h))
    grid_w, grid_h = grid.size

    for i, img in enumerate(imgs):
        grid.paste(img, box=(i%cols*w, i//cols*h))
    return grid

pipe = pipe.to("cuda")
```

02 '아직 사용하고 계신가요?'라는 메시지가 나타나면 [로봇이 아닙니다]에 체크하고 인증을 시작합니다.

NOTE 스테이블 디퓨전 실행 코드

실습에 사용된 코드와 결과물은 아래 링크에 접속하거나 QR 코드를 핸드폰 기본 카메라로 인식하여 코랩에 접속할 수 있습니다. 긴 코드를 직접 입력하기 어려울 수 있기 때문에 해당 코랩을 확인한 후 실습을 진행할 것을 권장합니다.

링크 : https://m.site.naver.com/1dKNu

03 ❶ ▶ 버튼이 ◉ 모양으로 변하고 ❷ 아래 그림과 같은 화면이 나타나며 설치가 시작됩니다. 길면 15분까지 소요될 수 있습니다.

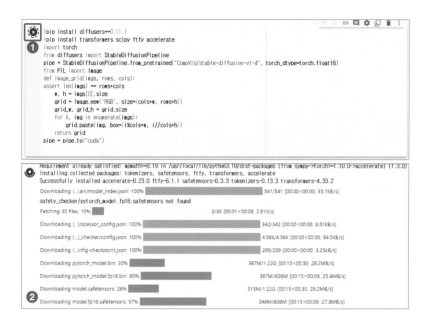

04 스테이블 디퓨전의 실행 준비가 완료되면 상단의 ❶ [+ 코드]를 클릭하고 새 코드 입력란에 ❷ 다음 코드를 입력한 후 ❸ ▶을 클릭합니다. 이미지 생성이 진행된 후 완료되면 자동으로 이미지가 나타납니다.

```
num_images = 4 # 만들고자 하는 이미지 수
prompt = ["a photograph of an astronaut riding a horse"] * num_images # 원하는
프롬프트 작성

images = pipe(prompt).images

grid = image_grid(images, rows=1, cols=num_images)
grid
```

TIP 만들고자 하는 이미지 수와 프롬프트는 코드에서 빨간색으로 표시된 부분만 수정하면 됩니다. 코드 부분 중 # 기호 뒤에 입력된 것은 주석으로, 해당 코드의 설명 부분입니다. 작동과는 관계가 없습니다.

05 원하는 이미지의 비율, 크기를 설정해서 생성하는 방법은 아래의 코드를 사용합니다. 실행 방법은 동일합니다.

```
prompt = "a photograph of an astronaut riding a horse" # 원하는 프롬프트 작성

image = pipe(prompt, height=512, width=768).images[0] # 원하는 이미지의 비율을
height(세로), width(가로)에 작성
image
```

NOTE 코랩의 리소스 할당량과 사용량, 세션 관리

앞서 살펴본 것처럼 코랩은 매우 유용한 서비스이지만 무한정 사용할 수 없습니다. 코랩 무료 사용자는 리소스 할당량이 정해져 있기 때문에 사용량이 초과되면 서비스가 일정 기간 (약 24시간) 중지되고, 실행 중인 작업은 초기화됩니다. 현재 사용 중인 리소스를 확인하려면 메뉴 오른쪽 상단에 'RAM/디스크'라고 표시된 부분을 클릭하면 됩니다. 각 작업은 '세션'이라고 부르며 [세션 관리]를 클릭해 현재 작동 중인 세션을 확인할 수 있습니다.

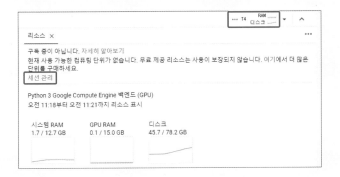

스테이블 디퓨전을 사용할 때도 마찬가지로 코랩의 리소스를 사용합니다. 코랩을 일단 시작하면 세션은 계속 작동하기 때문에 더 이상 사용하지 않을 것이라면 [활성 세션]에서 🗑 를 클릭해 세션을 종료합니다. 스테이블 디퓨전은 세션이 종료된 뒤에 처음 코드 부분에서 다시 ▶를 클릭해 실행해야 합니다. 조금 귀찮은 절차지만, 고성능 PC 사양을 무료로 사용할 수 있다는 점에선 여전히 매력적인 선택입니다.

TIP 만약 오른쪽 상단에 [GPU 연결]이라는 표시가 나타나면 현재 세션이 비활성화되어 GPU 연결이 끊어진 상태입니다. 작업을 다시 시작하려면 [GPU 연결]을 클릭해 리소스를 다시 확보해야 합니다.

CHAPTER 03

프롬프트로
이미지 생성 AI와
대화하기

LESSON 01

AI가 이해하는 프롬프트 알아보기

AI를 이해하고 대화 시작하기

지금까지 일정 수준 이상의 이미지를 만들기 위해서는 예술적인 지식과 전문적인 도구가 필요했습니다. 어떤 색을 쓸지, 어떤 구도로 사물을 배치하는지 등 디자이너의 판단은 물론 포토샵과 같은 전문적인 이미지 편집 도구의 사용 방법도 배워야 했습니다.

반면 이미지 생성 AI는 복잡한 과정이나 코딩 없이 프롬프트만 입력하면 이미지를 만들 수 있습니다. 이런 프롬프트는 하나의 단어가 될 수도 있고(Dog, Cat, People) 혹은 아주 긴 문장이 될 수도 있습니다. 다음은 긴 프롬프트를 입력해 이미지를 생성한 예시입니다.

a beautiful digital illustration painting of a detailed foreboding skies fantasy aztec ruins by benoit b. mandelbrot, steven belledin, martin johnson heade, lee madgwick, caspar david friedrich, and david rios ferreira, thomas kinkade. 8k resolution trending on artstation concept art digital illustration (benoit b. mandelbrot, steven belledin, martin johnson heade, lee madgwick, caspar david friedrich, and david rios ferreira, thomas Kinkade 풍의 불길한 하늘 판타지 아즈텍 유적의 아름다운 디지털 일러스트레이션 페인팅, 아트스테이션 콘셉트 아트 디지털 8K 해상도 트렌드)

▲ 긴 프롬프트를 입력해 생성한 이미지

이미지 생성 AI는 수많은 텍스트 데이터와 그에 대응되는 이미지를 학습해 가급적 프롬프트에 맞는 이미지를 출력하게끔 되어 있습니다. 예를 들어 '고양이'라는 텍스트에는 고양이 이미지가 학습되어 있지만 '고양이가 김밥과 라면을 먹고 있는 장면'이 학습되어 있을 가능성은 매우 낮습니다.

▲ (왼쪽) 고양이와 (오른쪽) 라면을 먹는 고양이 프롬프트 사용 결과

이미지 생성 AI에 모든 입력값에 대한 결과가 존재할 수는 없습니다. 만약 데이터 내에 알맞은 이미지가 없다면 각자의 방법으로 부족한 데이터를 대체합니다(예를 들어 라면을 먹는 고양이 이미지). 그러다 보니 때로는 AI조차 도저히 원하는 이미지를 찾을 수 없어 사용자가 전혀 상상하지 못했던 이미지가 생성되기도 합니다.

▲ 고양이와 날아다니는 면(라면을 먹는)이 결과물로 생성된 사례

프롬프트에 사용자의 의도가 명시적으로 반영되어 있지 않다면 문제가 생길 가능성이 높습니다. AI가 '고양이(Cat)'라는 값을 입력받아도 '한 마리 혹은 여러 마리의 고양이', '특정 품종의 고양이', '특정 표정과 자세를 취하고 있는 고양이'에 대한

사용자의 의도를 알 수 없기 때문에 오직 고양이(Cat)라는 정보만으로 이미지를 완성하게 됩니다. AI가 '고양이'라는 입력값을 임의로 해석하면 간혹 두 마리의 고양이, 바다에서 점프하고 있는 고양이, '고양이'라는 텍스트, 픽셀 아트 형식의 고양이 등 다양한 결과물이 나오게 되는 것입니다.

이러한 AI의 특성을 이해하고 원하는 그림을 얻기 위해 프롬프트를 고쳐나가는 프롬프트 엔지니어링(Prompt Engineering)이 필요합니다. 만약 원하는 결과물이 확실하지 않게 나온다면(의도가 명확하지 않다면) 프롬프트를 일부러 적게 주거나 주지 않은 상태에서 점차 발전해나가는 것도 하나의 방법이 될 수 있습니다.

실생활에 활용하는 프롬프트 작성법

다음 주, 커피 동아리 홍보를 앞두고 있는 회장의 예시를 들어보겠습니다. 동아리 회장은 홍보를 위해서 포스터와 카드뉴스를 만들어야 합니다. 디자인 전공자도 아니고 시간도 촉박한 상황입니다. 이런 상황에 이미지 생성 AI를 적절히 활용할 수 있습니다.

회장은 이미지 생성 AI를 처음 사용해보지만 걱정 없습니다. 이미지 생성 AI를 활용해 포스터와 카드뉴스에 사용할 이미지를 빠르게 만들 수 있을 것입니다.

커피 동아리라는 것을 인식할 수 있도록 커피가 포함된 이미지를 만들어보겠습니다. 어떻게 입력해야 할지 모르겠으니 우선 **coffee**라는 단어만 프롬프트로 입력해 결과를 확인해봅니다.

▲ coffee 입력 결과

단순히 coffee만 입력했는데 꽤 괜찮은 커피 이미지가 만들어졌습니다. 그러나 실사 이미지는 포스터나 카드뉴스에 활용하기에 어울리지 않을 것 같습니다. 디테일을 생략하고 커피의 느낌은 남겨 조금 더 추상적인 결과가 나오도록 **abstract**(추상적인, 추상화)라는 단어를 추가해 다시 이미지를 만들어보겠습니다.

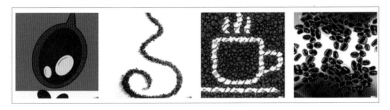

▲ coffee, abstract 입력 결과

실사 이미지보다 포스터에 넣기 좋은 이미지가 생성됩니다. 동아리 홍보이고 대학생을 대상으로 하는 만큼 차분한 느낌보다는 귀여운 느낌의 이미지를 바란다면 고전 게임 스타일의 도트 이미지를 만들어볼 수 있습니다. **pixel art**(픽셀아트, 도트화)를 추가해서 다시 이미지를 만들어봅니다.

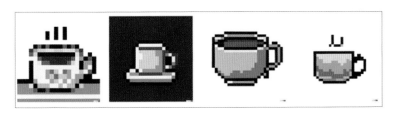

▲ coffee, pixel art 입력 결과

목적에 맞는 이미지가 생성됩니다. 이번에는 픽셀 아트와는 다른 느낌의 B안을 하나 만들어보고자 합니다. 여기서는 픽셀 이미지의 반대 느낌인 3D 이미지로 만들어보겠습니다. **3D render**를 입력해서 이미지를 만들어봅니다.

▲ coffee, 3D render 입력 결과

마음에 들지 않는다면 이미지 생성 AI를 잘 사용하는 사람들이 어떻게 프롬프트를 입력하는지 찾아보면 됩니다. PromptHero나 PromptBase 등 프롬프트를 공유하는 웹사이트에서 커피와 관련된 이미지를 어떻게 만들었는지 찾아보고 아래와 같은 프롬프트를 확인했습니다.

TIP PromptHero(https://prompthero.com/)나 PromptBase(https://promptbase.com/)는 전 세계의 사용자가 좋은 프롬프트를 공유하거나 거래하는 웹사이트입니다.

프롬프트 A cute panda with big eyes looking at a cup of coffee, bamboos on background. pixar disney 4k 3d render funny animation movie oscar winning trending on artstation and behance. ratatouille style.

(커피 한 잔을 바라보는 큰 눈을 가진 귀여운 판다, 배경에 대나무. 픽사 디즈니 4K 3D 렌더링 재미있는 애니메이션 영화 오스카 수상 아트스테이션 및 비핸스에서 트렌드. 라따뚜이 스타일.)

▲ 프롬프트 입력 결과

지금까지 했던 작업과는 완전히 다른 느낌의 이미지가 생성됩니다. 이미지를 보면 귀여운 판다 캐릭터가 커피를 들고 있습니다. 이처럼 단어를 하나 추가하거나 변경하는 것에서 나아가 긴 문장을 사용하면 더 품질 좋은 이미지를 만들 수 있습니다.

이미지 생성 AI는 프롬프트만 입력하면 빠르게 이미지를 얻을 수 있습니다. 하지만 어떤 프롬프트를 입력해야 더 좋은 품질의 이미지가 나오고 내가 상상한 것과 유사한 이미지가 나올지 예상하기는 쉽지 않습니다. 웹사이트에 공유된 예시를 참고하면 좋습니다. 하지만 모든 상황에 알맞은 예시를 찾기는 어려우므로 개인 상황에 알맞은 프롬프트를 작성할 수 있는 능력을 기르는 것이 중요합니다.

프롬프트를 효과적으로 사용하는 네 가지 팁

사진 기법에 따른 프롬프트 사용법

하나의 사물을 사진에 담더라도 다양한 구도와 움직임을 상상하기 마련입니다. 같은 자동차를 떠올리더라도 누군가는 정지된 앞모습을 상상하고 누군가는 달리는 자동차의 옆모습을 상상할 것입니다. 이미지 생성 AI에서는 사진의 촬영 구도와 기법을 프롬프트로 표현할 수 있습니다.

먼저 특정 단어(피사체, 사물)와 Low angle(로 앵글)의 조합입니다. 피사체를 아래에서 위로 올려다보는 구도의 이미지를 생성할 수 있습니다.

▲ a car, Low angle

▲ a building, Low angle

▲ a flower, Low angle

반대로 Overhead view(직부감, 위에서 아래로 내려다보는) 프롬프트를 조합하면 위에서 바라본 느낌의 이미지를 생성할 수 있습니다.

▲ a car, Overhead view

▲ a city, Overhead view

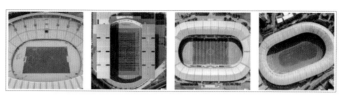

▲ a stadium, Overhead view

Fast shutter speed(고속 셔터)는 사진 촬영 기법 중 하나로 카메라 셔터를 짧게 열고 닫아 역동적인 순간을 사진에 담는 기법입니다. 원래는 역동적으로 움직이는 피사체의 선명한 정지 화면을 담는 데 적합한 기법이지만, 이를 프롬프트에 입력하면 피사체가 움직이는 느낌이 강한 이미지를 생성할 수 있습니다.

▲ a car, Fast shutter speed

▲ a dog, Fast shutter speed

▲ a soccer player, Fast shutter speed

반대로 Long exposure(장노출)는 셔터를 오래 열어 상대적으로 긴 시간 동안 피사체의 흔적을 사진에 담는 방법입니다. 잔상이 많이 남기 때문에 자동차가 이동하는 모습, 도시의 모습, 야간 촬영의 경우 Light painting 등의 작품에서 많이 활용됩니다.

▲ a car, Long exposure

▲ a city, Long exposure

▲ light painting, Long exposure

long shot(롱 숏)은 피사체를 멀리서 촬영하는 기법으로 프롬프트에서는 먼 시점에서 바라본 이미지를 만들고 싶을 때 활용할 수 있습니다.

▲ a car, Long shot

▲ a horse, Long shot

▲ a person riding a bike, Long shot

프롬프트를 활용해 사물을 확대해서 찍는 Close-up(클로즈업) 이미지도 만들 수 있습니다. 가까이에서 물체를 바라본 이미지를 만들 수 있으며, 전체 이미지에서 사물의 비중을 높일 수 있습니다.

▲ a car, Close-up

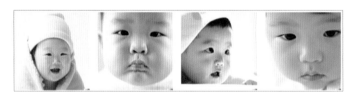

▲ a baby, Close-up

▲ a moon, Close-up

예술 기법에 따른 프롬프트 사용법

앞서 커피 동아리 예시처럼 이미지 생성 AI로 사진, 일러스트, 픽셀 아트, 3D 그래픽 등 다양한 스타일의 이미지를 생성할 수 있습니다. 나아가 미술 분야에서 사용되는 디테일한 표현 기법을 활용할 수도 있습니다. 이미지를 묘사한 재료, 특정 작가의 화법, 색조, 심지어는 디자인 사조의 느낌마저 녹여내 생성할 수 있습니다. 아래 파랑새 이미지를 기본으로 두고 여러 미술 재료를 적용해보겠습니다.

▲ Blue bird

연필, 아크릴, 아쿠아틴트로 그린 파랑새부터 시작해서 종이, 점토, 스테인드 글라스로 만들어낸 파랑새 이미지를 확인할 수 있습니다.

▲ Blue bird, Pencil sketch

▲ Blue bird, Acrylic

▲ Blue bird, Aquatint

▲ Blue bird, Paper cut

▲ Blue bird, Claymotion

▲ Blue bird, Stained glass

프롬프트로 미술 장르, 미술사를 바탕으로 한 표현 기법을 적용할 수도 있습니다. 화려하고 고풍스러운 고전 르네상스, 바로크 양식부터 톡톡 튀고 감각적인 현대 팝아트까지 미술의 다양한 양식을 적용해봅니다.

▲ Blue bird, Renaissance

▲ Blue bird, Cubism

▲ Blue bird, Pop art

　자신만의 스타일, 화풍을 창조한 유명 화가의 이름을 프롬프트에 함께 입력하는 것만으로 그들의 화풍을 모방할 수 있습니다. 인상파 화가인 클로드 모네(Claude Monet)부터 초현실주의자 살바도르 달리(Salvador Dalí), 추상화의 대가 마크 로스코(Mark Rothko) 등 화가의 이름을 입력해서 그들의 화풍으로 재창조된 이미지를 생성해봅니다.

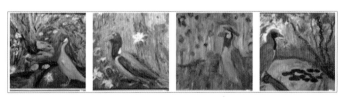

▲ Blue bird, Claude Monet

▲ Blue bird, Salvador Dali

▲ Blue bird, Mark Rothko

▲ Blue bird, Piet Mondrian

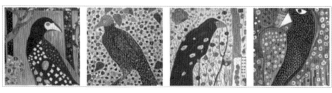

▲ Blue bird, Gustav Klimt

생성된 이미지 중 살바도르 달리를 입력한 이미지를 살펴보면 파랑새 외에 그의 작품에서 쉽게 발견할 수 있는 초현실적인 요소들이 추가로 표현된 것을 확인할 수 있습니다.

구스타프 클림트(Gustav Klimt)를 입력한 이미지에서는 파랑새 안에 클림트 특유의 패턴이 나타나고, 피트 몬드리안(Piet Mondrian)을 입력해 생성한 이미지에서는 기하학적인 수직, 수평의 그리드와 원색의 색감이 돋보이는 것을 확인할 수 있습니다.

그림을 표현하는 방법에는 무드나 분위기도 있습니다. 새로운 분위기를 추가해 보겠습니다. 그림의 전반적인 분위기가 디스토피아나 유토피아처럼 느껴지게 할 수 있으며 사이버 펑크의 느낌을 살릴 수도 있습니다. 추상적인 멀티버스 등의 키워드를 함께 사용해 초현실의 SF 느낌을 더할 수도 있습니다.

▲ Blue bird, Distopian

▲ Blue bird, Utopian

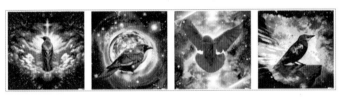

▲ Blue bird, Multiverse

▲ Blue bird, Cyber Punk

▲ Blue bird, Glowing

이처럼 원하는 표현 기법에 따라 재료, 화풍, 분위기를 더하면 원하는 거의 모든 이미지를 생성할 수 있습니다. 이때 하나의 키워드만 입력하는 것이 아니라 여러 키워드를 조합해 이용할 수도 있습니다. 예를 들어, 살바도르 달리 느낌의 점토로 만든 파랑새, 점토로 만든 쿠사마 야요이(草間彌生, Kusama Yayoi) 스타일의 파랑새 등 작가의 화풍과 재료의 물성을 바탕으로 재창조를 시도해볼 수 있습니다.

▲ Blue bird, Kusama Yayoi, Claymotion

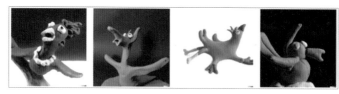

▲ Blue bird, Salvador Dali, Claymotion

▲ Blue bird, Piet Mondrian, Made of wool

감정을 표현하는 프롬프트 사용법

이미지를 상상할 때는 행복한 이미지, 슬픈 이미지, 어두운 이미지, 절망적인 이미지 등 이미지(혹은 피사체)의 전체적인 감정이나 무드에 대해서도 생각할 수 있습니다. 이번에는 다음과 같은 호랑이 이미지를 기본으로 두고 감정을 표현해보도록 하겠습니다.

▲ Tiger

이미지에 감정을 표현하기 위해 일반적으로 알고 있는 여섯 가지의 기본 감정을 적용해볼 수 있습니다. 기쁨, 슬픔, 놀라움, 화남, 역겨움, 공포를 적용했을 때의 결과는 아래와 같습니다.

▲ Tiger, Happy

▲ Tiger, Sad

▲ Tiger, Surprise

▲ Tiger, Angry

▲ Tiger, Disgusting

▲ Tiger, Horrible

　역겨움과 같은 감정은 동물이 가진 표정의 한계 때문에 잘 보이지 않더라도 다른 감정은 잘 드러나는 것을 확인할 수 있습니다. 이처럼 이미지가 가지는 감정 또는 이미지의 대상이 가지는 감정을 프롬프트에 조합해 의도한 대로 이미지를 생성할 수 있습니다.

　감정이 가진 에너지의 강도로 이미지가 표현하는 감정의 수준을 조정할 수 있습니다. Excited(환희)와 Peaceful(평화로움), 두 가지 감정을 예를 들면 둘 다 긍정적인 감정이지만 감정이 가진 에너지에는 차이가 있습니다. 환희가 가지는 에너지는 높지만, 평화로움이 가지는 에너지는 낮습니다.

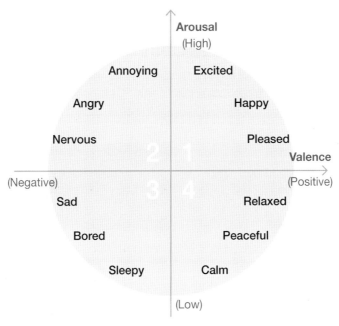

▲ Valence는 분위기에, Arousal은 에너지에 해당함

　이때는 프롬프트에 해당 키워드를 조합해도 되고 아래 예시처럼 분위기와 에너지를 직접 입력해도 됩니다. 분위기와 에너지를 조정하는 것만으로도 원하는 분위기의 이미지를 생성할 수 있습니다.

▲ Tiger, Positive mood, High energy

▲ Tiger, Positive mood, Low energy

▲ Tiger, Negative mood, High energy

▲ Tiger, Negative mood, Low energy

친구나 가족에게 메시지를 보낼 때 이모지를 사용하는 것처럼 프롬프트에도 활용할 수 있습니다. 이미지 생성 AI는 이모지가 가진 감정, 분위기를 인식할 수 있으므로 이를 활용해 이미지의 분위기에 변화를 줄 수도 있습니다.

▲ Tiger, 😃

▲ Tiger, 😈

▲ Tiger, 😎

▲ Tiger, 😡

선글라스를 낀 이모지가 적용된 호랑이는 멋을 부리면서 응시하는 듯하고, 눈에 하트가 담긴 이모지가 적용된 호랑이는 대상 또는 카메라를 그윽하게 바라보는 것 같습니다. 이처럼 단어뿐만 아니라 이모지도 얼마든지 이미지 생성 AI에 활용할 수 있습니다.

특별한 효과를 나타내는 키워드 프롬프트 사용법

이번에는 일상 속 문장에서 잘 사용하지는 않지만 원하는 뉘앙스의 이미지를 생성하기 위해서 꼭 필요한 특별한 키워드를 알아봅니다. 먼저 이미지의 품질을 높이기 위한 4K나 UHD 등의 키워드입니다. 이를 프롬프트에 입력할 경우 기존에 비해 훨씬 선명한 이미지를 얻을 수 있습니다.

▲ a car, 4K

▲ a tennis player, 4K

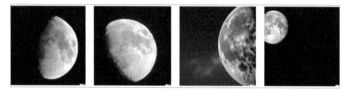

▲ a moon, UHD

이미지의 세부 정보를 더 강조하고 싶다면 Highly Detailed를 더해 프롬프트에 입력해볼 수 있습니다.

▲ a dog, Highly detailed

▲ a city, Highly detailed

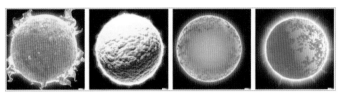

▲ a sun, Highly detailed

PART 02에서는 더 다양한 프롬프트와 키워드를 확인할 수 있습니다. 여러 프롬프트를 조합해 원하는 이미지를 생성해볼 수 있도록 연습하기 바랍니다.

PART 02
이미지 생성 AI 실무에 활용하기

CHAPTER 01
일상에서
이미지 생성 AI 활용하기

독특한 캐릭터 스타일의 SNS 프로필 사진 만들기

이미지 생성 AI로 프로필 사진 만들기

최근 들어 인스타그램(Instagram)이나 링크드인(LinkedIn), 페이스북(Facebook)과 같은 SNS에서 AI로 제작한 프로필 사진을 사용하는 사용자를 심심치 않게 볼 수 있습니다. 네이버의 스노우 애플리케이션에도 본인의 사진을 몇 장만 넣으면 여러 버전의 AI 이미지를 생성해주는 서비스를 출시했습니다. AI 프로필 사진이 유행하는 이유는 다양할 것입니다. 프로필에 본인의 얼굴을 온전히 드러내고 싶지 않을 수도 있고, 무엇보다 누군가 잘 그려준 내 모습이 흥미롭기 때문일 수도 있습니다.

이번 LESSON에서는 본인의 사진을 미드저니에 업로드해 원하는 그림 스타일로 바꿔 나만의 캐릭터를 만들어보겠습니다. 내가 디즈니 애니메이션의 캐릭터가 된다면 어떤 모습일지, 또는 지브리 애니메이션, 마블 영화 속 내 모습이 궁금하지 않으신가요? 예제를 따라 하며 본인의 모습을 새롭게 캐릭터화해보고 SNS 프로필에 적용해보겠습니다. 이번 예제에서는 본인의 사진(가급적 깔끔한 배경, 증명사진)을 활용하면 됩니다.

> TIP 미드저니 디스코드 채널은 전 세계 사용자 모두 사용하는 공간으로 개인 사진을 올리는 것이 껄끄러울 수 있습니다. 이때는 이번 LESSON 맨 뒤에 있는 127쪽에서 개인 서버에서 미드저니를 사용하는 방법을 통해 본인만 확인할 수 있도록 설정합니다.

디즈니 스타일 캐릭터 만들기

01 디스코드를 실행하고 미드저니에 접속합니다. ❶ 왼쪽의 채널 목록에서 [NEWCOMER ROOMS]-[newbies-##] 채널에 입장합니다. 번호는 무관합니다. ❷ 메시지 입력란의 ➕을 클릭하고 ❸ [파일 업로드]를 클릭합니다.

> TIP 미드저니 기본 사용 방법은 PART 01-CHAPTER 02의 LESSON 03을 참고합니다.

02 윈도우 탐색기 혹은 맥OS의 Finder가 나타나면 디즈니 스타일로 바꿀 본인의 사진을 선택합니다.

03 메시지 입력란에 본인이 선택한 이미지가 업로드된 것을 확인하고 Enter를 누릅니다.

04 이미지가 업로드됩니다. ❶ 업로드된 이미지를 클릭합니다. ❷ 확대된 이미지에서 마우스 오른쪽 버튼을 클릭하고 [링크 복사하기]를 클릭합니다. ❸ 사진 밖의 어두운 부분을 클릭합니다.

05 ❶ 메시지 입력란에 **/**를 입력합니다. ❷ **/imagine**을 비롯해 미드저니에서 사용할 수 있는 다양한 프롬프트가 나타납니다.

06 ❶ /imagine을 클릭하거나 직접 **/imagine**을 입력합니다. ❷ **/imagine prompt[ ]**라는 내용이 추가됩니다.

TIP 바로 **/imagine prompt**를 입력하고 프롬프트를 이어서 작성해도 됩니다.

07 메시지 입력란을 마우스 오른쪽 버튼으로 클릭하고 [붙여넣기]를 클릭합니다. **04** 단계에서 복사한 링크가 붙여 넣어집니다.

08 붙여 넣은 링크 옆에 원하는 그림 스타일을 프롬프트로 입력합니다. 먼저 디즈니 스타일의 캐릭터 이미지를 만들 예정이니 **❶ Disney style**을 입력합니다. **❷** Enter 를 누릅니다.

09 업로드한 사진과 함께 프롬프트 옆에 'Waiting to start'라는 메시지가 나타납니다.

10 'Waiting to start' 메시지에서 작업 진행도가 점차 증가합니다. 이미지 생성을 시작하면 붙여 넣은 이미지 링크도 단축됩니다. 작업이 진행될수록 이미지가 선명해집니다.

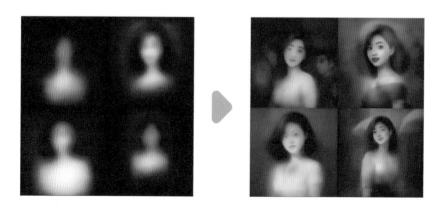

11 이미지 생성이 완료되면 최종 결과물이 나타납니다. ❶ 마음에 드는 이미지를 선택해 업스케일([U1]~[U4])하거나 ❷ 변형([V1]~[V4])할 수 있습니다. 혹은 ❸ 재생성을 위해 🔄을 클릭합니다.

우주복을 입은 지브리 스타일 캐릭터 만들기

01 이번에는 우주복을 입은 지브리 스타일의 캐릭터를 생성해보겠습니다. 프롬프트를 수정해보겠습니다. ❶ 생성된 결과물의 프롬프트 텍스트를 드래그하고 ❷ 마우스 오른쪽 버튼을 클릭한 후 [복사]를 클릭합니다.

02 앞서 디즈니 스타일 05-06 단계에서 생성한 것처럼 /imagine prompt 프롬프트를 입력하고 01 단계에서 복사한 텍스트를 붙여 넣습니다. **Disney style** 부분을 삭제합니다.

🛥️ /imagine prompt https://s.mj.run/wHM4WTTfErg Disney style

03 링크 다음에 ❶ 아래 프롬프트 내용을 입력한 후 ❷ Enter 를 누릅니다.

> 프롬프트 She's wearing a spacesuit, and she looks like a Studio Ghibli character.
> (우주복을 입고 있고, 스튜디오 지브리 캐릭터 느낌의 모습.)

> **NOTE** 번역 도구 활용해 프롬프트 입력하기
>
> 프롬프트를 새로 입력하거나 수정할 때 본인이 시도해보고 싶은 의상이나 분위기가 있어도 영어로 입력하는 것이 어려울 수 있습니다. 이때 번역 도구를 활용하면 더욱 쉽게 작업할 수 있습니다. 프롬프트로 입력하길 원하는 내용을 한국어로 입력한 후 영어로 번역하는 간단한 과정만으로도 영문 프롬프트를 완성할 수 있습니다.
>
> 대표적인 구글 번역(https://translate.google.com/)을 활용해도 좋고, 최근 떠오르는 번역 도구인 딥엘(DeepL, https://www.deepl.com/translator)을 활용해도 됩니다.
>
>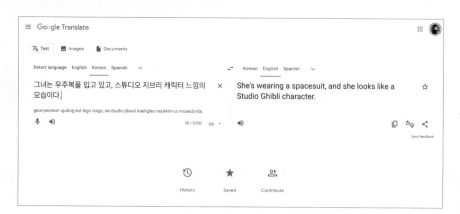

04 이미지가 업로드되고 생성이 시작됩니다.

05 이미지 생성이 완료되었습니다. 이미지를 클릭하면 확대된 결과물을 확인할 수 있습니다.

06 결과물을 한 번 더 생성해보고 싶다면 [U4] 옆에 있는 ❶ 🔄을 클릭합니다. ❷ 본인만 볼 수 있다는 메시지와 함께 이미지 재생성을 시작합니다.

07 재생성한 이미지가 나타납니다. 생성된 이미지를 확인하고 마음에 드는 이미지를 선택 합니다.

08 생성된 이미지 중 네 번째 이미지를 업스케일 해보겠습니다. 생성된 이미지 아래에 있는 [U4]를 클릭합니다.

09 업스케일 과정을 거친 후 네 번째 이미지의 큰 그림이 생성됩니다. 만약 업스케일한 결과물에 대한 변형을 추가로 생성하고 싶다면 [Make Variations] 를 클릭합니다.

10 베리에이션이 나타납니다. 베리에이션을 통해 디테일이나 분위기가 다른 이미지를 생성할 수 있습니다.

11 업스케일한 이미지를 변형하고 고해상도의 단일 이미지 결과를 얻기 위해서는 업스케일 과정을 한 번 더 거쳐야합니다. 변형된 결과물 중 세 번째 이미지와 네 번째 이미지가 마음에 든다고 가정하고 [U3], [U4]를 각각 클릭합니다.

TIP 업스케일 및 베리에이션 버튼은 동시에 여러 개를 클릭할 수 있습니다.

12 업스케일을 선택한 이미지는 각각의 단일 이미지가 생성됩니다. 마음에 드는 이미지를 클릭합니다.

13 ❶확대된 이미지를 마우스 오른쪽 버튼으로 클릭하고 [이미지 저장]을 클릭합니다. ❷ 원하는 곳에 이미지를 저장합니다.

 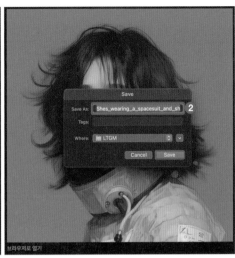

14 저장한 이미지를 활용해 SNS 프로필 이미지를 변경합니다. PC에서 프로필 사진 변경이 불가능한 SNS 플랫폼의 경우 이미지를 핸드폰으로 전송해 변경해봅니다.

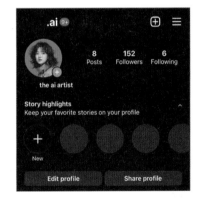

　　지금까지 사진과 미드저니를 활용해 색다른 스타일의 프로필 사진을 생성해보았습니다. 생성한 프로필 사진이 마음에 들지 않는다면 다른 버전의 사진을 생성해보는 것도 추천합니다. 다음은 다른 스타일로 프로필 사진으로 만들 수 있는 예시와 프롬프트입니다. 본인의 프로필 사진은 물론 가족, 연인, 반려동물의 프로필 사

진까지 개성 있게 만들 수 있을 겁니다. 디즈니와 지브리 스타일에 이어 일본 만화 스타일, 마블 스타일 등 다양한 스타일의 이미지를 만들어보고 SNS 프로필 사진을 변경해보는 작업을 즐기길 바랍니다.

프롬프트 (이미지 링크) manga style dog, cute (일본 만화 스타일 강아지, 귀여운)

프롬프트 (이미지 링크) cute dog, smiling face, 3d character from Disney Pixar, super detail, soft colors, fine luster, blender, soft lighting, anime, art, blind box, cinematic edge lighting, 8k --iw 0.5 --q 2 --v 5

(귀여운 강아지, 웃는 얼굴, 디즈니 픽사에 나오는 3D 캐릭터, 강한 디테일, 소프트한 컬러, 부드러운 광택, 블렌더, 화사한 빛, 아니메, 아트, 블라인드 박스, 영화적인 엣지 조명, 8k 고화질)

TIP 미드저니에서 '--'와 함께 입력하는 부분을 파라미터(Parameter, 매개변수)라고 합니다. 예시 프롬프트에서 사용된 iw는 Image Weight의 약어로 원본 이미지와 얼마나 가깝게 생성할지 지정하는 프롬프트입니다. 최댓값은 5로, 숫자가 클수록 원본 이미지의 유사성 가중치가 커집니다. q는 Quality의 약어로 디테일 퀄리티를 의미합니다. 1, 1.25, 5 중 하나를 선택합니다. v는 미드저니의 생성 모델 버전을 의미합니다. 유사하게 프롬프트 뒤에 anime::5와 같은 식의 프롬프트를 입력하면 스타일의 가중치를 설정할 수도 있습니다. 최댓값은 5입니다. 자세한 내용은 336쪽의 미드저니 프롬프트 파라미터 사전을 참고합니다.

SNS 채널에 업로드할 프로필 사진을 만들기 위해선 내 사진을 업로드해야 합니다. 하지만 전 세계 사람들이 공유하는 미드저니 서버에 개인 사진을 업로드하는 것은 조금 껄끄러울 수 있습니다. 이때 개인 서버를 만들어 디스코드 봇을 추가하면 이러한 문제를 쉽게 해결할 수 있습니다.

TIP 다만 해당 방법은 현재 진행 중인 작업에 대한 공유만 이루어지지 않을 뿐, 완성된 결과물은 미드저니 홈페이지에 표시될 수 있습니다. 완전히 숨기고 싶다면 Pro Plan을 구독한 후 스텔스 모드로 작업해야 합니다.

01 디스코드 화면 왼쪽 서버 목록에서 ■을 클릭해 서버를 추가합니다.

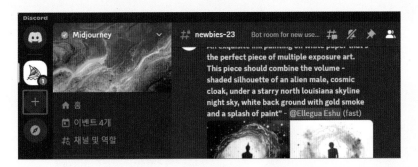

02 ❶ 서버 만들기에서 [직접 만들기]를 클릭합니다. ❷ 서버 유형은 [나와 친구들을 위한 서버]를 클릭합니다.

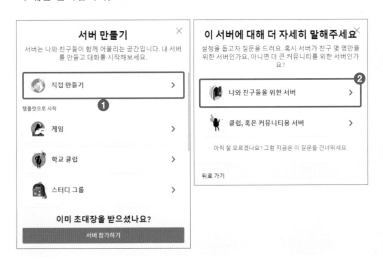

03 [서버 커스터마이징하기]에서 ❶ [서버 이름]에 원하는 이름을 입력한 후 ❷ [만들기]를 클릭합니다. ❸ 디스코드 서버가 생성됩니다.

04 미드저니 서버로 이동합니다. ❶ 임의의 [newbies-#] 채널로 접속한 후 오른쪽 멤버 목록에서 ❷ [Midjourney Bot]을 클릭합니다. ❸ [서버에 추가]를 클릭합니다.

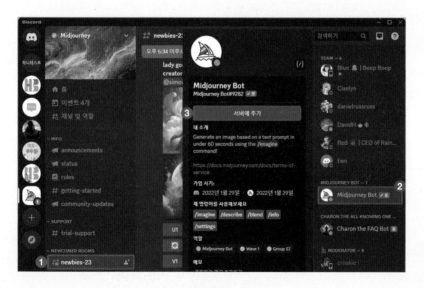

05 봇을 추가하는 항목이 나타나면 ❶ [계속하기]를 클릭합니다. 봇의 권한을 설정하는 항목이 나타나면 ❷ [승인]을 클릭합니다.

06 로봇 테스트에서 ❶ [사람입니다]를 클릭하면 서버에 봇을 추가하는 작업이 완료됩니다. ❷ 서버로 이동하는 버튼을 클릭합니다.

07 ❶ 기존에 생성했던 서버로 이동하면 미드저니 봇이 추가된 것을 확인할 수 있습니다. ❷ 메시지 입력란에 **/imagine prompt**를 입력하면 미드저니 기능을 활용할 수 있습니다.

내 글을 잘 표현하는 삽화 이미지 만들기

블로그 포스팅에 이미지 생성 AI 활용하기

블로그, 브런치, 페이스북, 링크드인은 물론 개인 판매형 전자책에 이르기까지 본인의 생각을 글로 정리해 다른 사람과 공유하는 서비스는 수도 없이 많고, 이를 적극적으로 활용하는 사용자도 늘고 있습니다.

이때 글을 쓰는 실력도 중요하지만, 작성한 글의 이해와 논지를 뒷받침할 수 있는 이미지를 함께 업로드하는 것도 중요합니다. 이미지 자체로 글을 대신할 수도 있고, 강조하고 싶은 바를 함축적으로 전달할 수도 있기 때문입니다. 글 중간에 효과적인 이미지를 삽입한다면 해당 내용을 읽는 독자의 직관적인 이해를 돕거나, 글을 읽으며 호기심을 유발할 수도 있습니다.

하지만 무료 이미지 스톡 사이트에서 글에 맞는 이미지를 찾는 것은 쉽지 않고, 유료 서비스는 금액이 만만치 않은 것이 현실입니다. 이때 이미지 생성 AI를 활용하면 보다 저렴한 가격으로, 또는 필요에 따라 무료로 이미지를 구할 수 있습니다. 이번에는 블로그 포스팅에 사용할 삽화를 미드저니에서 만들어보겠습니다.

TIP 달리, 스테이블 디퓨전, 미드저니 등 다양한 이미지 생성 AI가 있지만 미드저니는 컴퓨터 사양에 관계없이 스타일리시한 일러스트는 물론 실사에 가까운 이미지를 쉽게 만들 수 있기 때문에 미드저니를 주로 활용할 예정입니다. 다른 이미지 생성 AI를 활용해도 무방합니다.

글의 주제를 전달하는 일러스트 삽화 제작하기

01 우선 글의 주제, 내용을 작성하고 어떤 이미지를 생성할지 살펴봅니다. 예제의 내용은 AI가 보편화되어 어떤 것이 변했고, 고려할 위험 요소에 대한 글을 적었습니다. 대표 이미지, 중간 삽화를 생성해보겠습니다.

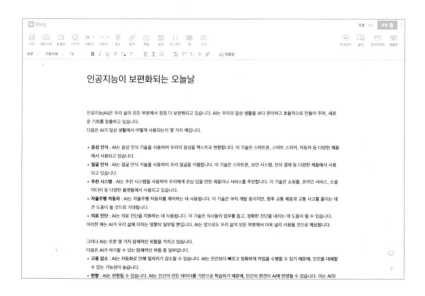

02 첫 번째 이미지 주제는 'AI로 변화한 일상'입니다. 해당 내용을 바탕에 두고 프롬프트를 작성합니다. ❶ 메시지 입력란에 **/imagine prompt**를 입력하고 아래 프롬프트를 입력합니다. ❷ Enter 를 누르면 이미지 생성이 시작됩니다.

프롬프트 Blog image related to today's daily life changed by artificial intelligence

(AI로 변화한 오늘날의 일상과 관련된 블로그 이미지)

03 이미지 생성이 완료되었습니다. 이미지를 클릭하면 결과물을 확대해 확인할 수 있습니다. 너무 실사풍의 결과물이 나와 조금 부담스러워 보입니다. 일러스트 느낌을 반영해보도록 하겠습니다.

04 기존 프롬프트 뒤에 **❶ illustration**(일러스트레이션) 키워드를 추가로 입력합니다. **❷** Enter를 누르면 이미지 생성이 시작됩니다.

05 생성이 완료되었습니다. 이미지를 클릭해 확대해봅니다. 여전히 사실적인 느낌이 강하므로 추가 프롬프트를 입력해보겠습니다.

06 일러스트와 같은 느낌이 되도록 **❶** illustration 대신 **infographic style**(인포그래픽 스타일) 프롬프트를 입력합니다. **❷** Enter를 누릅니다.

07 결과물이 생성되었습니다. 인포그래픽 느낌의 결과물이지만, 디테일한 정보를 다루는 이미지처럼 보여서 다른 프롬프트를 입력하기로 결정합니다.

08 벡터(Vector) 그래픽 느낌을 표현하기 위해 ❶ infographic style 대신 **graphic vector style**(그래픽 벡터 스타일) 프롬프트를 입력합니다. 또한 이 이미지는 블로그 앞부분에 넣을 계획이므로 정사각형이 아닌 가로로 긴 비율의 이미지를 생성해보겠습니다. 3:2 비율의 이미지로 생성하려면 프롬프트 뒤에 **--ar 3:2**를 추가로 입력합니다. ❷ Enter 를 누릅니다.

TIP 이미지 비율을 프롬프트로 추가하려면 프롬프트 마지막에 **--ar 가로 길이:세로 길이**를 입력합니다. 가로로 긴 16:9 비율의 결과물 생성을 원한다면 **--ar 16:9**를 입력하고, 세로로 긴 비율의 결과물 생성을 원한다면 **--ar 9:16**을 입력합니다. 입력하지 않았을 경우 기본은 1:1입니다.

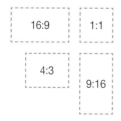

09 이미지 생성이 완료되었습니다. 이미지를 클릭하면 확대된 결과물을 볼 수 있습니다. 원하는 스타일에 가까운 결과물이 생성되었습니다.

10 원하는 결과물을 업스케일합니다. 첫 번째 이미지가 인간과 AI가 가까워지는 관계를 잘 시각화한 것 같다는 생각이 들어 업스케일하기로 결정합니다. 첫 번째 이미지를 업스케일하려면 [U1]을 클릭합니다.

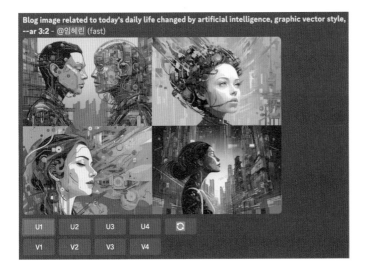

11 업스케일된 결과물이 생성되었습니다. 블로그에 이미지를 삽입하기 위해 ❶ 해당 이미지를 클릭합니다. ❷ 확대된 이미지를 마우스 오른쪽 버튼으로 클릭합니다. [이미지 복사]를 클릭합니다.

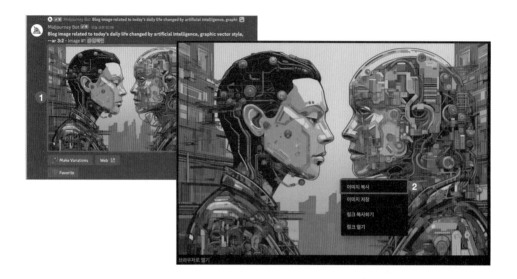

12 작성 중인 블로그 포스팅에 돌아와 Ctrl + V 로 붙여 넣습니다. 이미지는 본문 중간, 커서가 표시된 위치에 붙여 넣어집니다.

실사품 일러스트 삽화 제작하기

01 이번에는 본문 뒷부분에 들어가는 이미지를 제작해보겠습니다. 두 번째 주제는 AI가 갖는 잠재적인 위험성에 관련된 내용입니다. 이에 대한 이미지를 생성하기 위해 'AI가 가지는 잠재적인 위험'이라는 프롬프트를 준비합니다.

> **프롬프트** Potential dangers of artificial intelligence
>
> (AI가 가지는 잠재적인 위험)

앞서 생성한 벡터 그래픽 스타일의 느낌과 달리 조금 더 사실적인 느낌에 어두운 분위기를 담아내고자 **photo realistic, dark**(실사풍, 어두운) 프롬프트를 추가로 입력합니다. 마지막으로 이전과 같이 가로로 긴 이미지를 생성하기 위해 **--ar 3:2**를 뒤에 추가합니다.

> **프롬프트** Potential dangers of artificial intelligence, photo realistic, dark, --ar 3:2
>
> (AI가 가지는 잠재적인 위험, 실사풍, 어두운, --ar 3:2)

02 새 이미지를 생성해보겠습니다. 메시지 입력란에 ❶ **/imagine prompt**를 입력하고 아래 프롬프트를 입력합니다. ❷ Enter 를 누르면 이미지 생성이 시작됩니다.

> **프롬프트** Potential dangers of artificial intelligence, photo realistic, dark, --ar 3:2

03 이미지 생성이 완료되었습니다. 원하는 분위기와 비슷한 결과물이 생성되었습니다. 정면을 바라보는 이미지는 표현하고자 하는 내용이 모호해 보여서 주제를 좀 더 좁히기로 합니다.

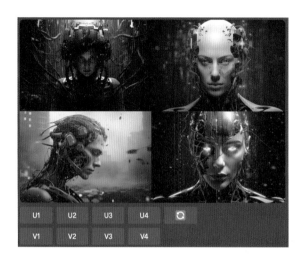

04 AI가 가지는 잠재적인 위험이라는 주제는 추상적입니다. 프롬프트 내용을 좀 더 구체화하기 위해 '비슷하게 사고하는 사람들이 점점 많아지는 상황'을 묘사한 이미지를 생성하기로 결정합니다. ❶ 프롬프트를 아래와 같이 수정하고 이미지의 스타일 및 비율은 그대로 유지합니다. ❷ Enter 를 누르면 이미지 생성이 시작됩니다.

> 프롬프트　The potential dangers of artificial intelligence, more and more people have a similar mindset. photo realistic, dark, --ar 3:2
>
> (AI가 가지는 잠재적인 위험, 많은 사람들이 점점 더 비슷한 사고를 갖는다.)

05 앞선 프롬프트를 입력하면 'Action needed to continue'라는 메시지가 나타납니다. 메시지에 따르면 '미드저니의 AI 모더레이터가 느끼기에 당신의 프롬프트가 우리의 커뮤니티 기준에 반한다고 판단된다. 만약 이것이 AI의 실수라고 생각한다면 하단 [Appeal] 버튼을 클릭해라. 그러면 우리는 더 정교한 AI에게 결과를 더블체크할 수 있도록 프롬프트를 전달할 예정이다.'라고 적혀 있습니다. 크게 문제되지 않는 프롬프트라는 생각이 든다면 [Appeal]을 클릭합니다.

TIP 경우에 따라서는 동일한 프롬프트를 입력해도 메시지가 출력되지 않을 수 있습니다. 프롬프트 필터링은 AI 모더레이터가 학습하며 지속적으로 규칙을 변경하기 때문입니다.

06 더블체크된 프롬프트에 문제가 없다면 'Your appeal has been accepted'라는 메시지가 나타나고 이미지 생성이 다시 시작됩니다.

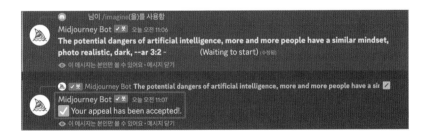

앞서 실습 예제를 만들기 위해 입력한 프롬프트는 'Appeal'이 승인되었지만, 만약 객관적으로 공격적이거나 폭력적인 프롬프트를 입력하면 'Appeal'이 거절될 수 있습니다. 예를 들어 '미친 AI가 싸운다, 피, 공격적인, 전쟁'과 같은 외설적이고 공격적인 표현을 프롬프트로 입력해보겠습니다. 이 경우에는 아래와 같이 'Appeal'이 거절되었다는 메시지가 나타납니다.

프롬프트 승인이 거절되면 다음과 같은 정책이 명시됩니다.

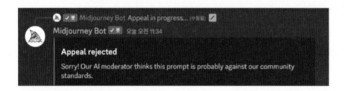

허용되는 이미지

- 픽션, 판타지, 신화와 관련된 최대 PG-13(전체 관람가, 13세 미만 보호자 동반 권고) 등급의 모든 이미지
- 정중하거나 경쾌한 패러디, 풍자, 캐리커처로 보일 수 있는 실제 이미지
- 터무니없거나 유머러스한 상황을 포함하여 가상 또는 과장된 실제 시나리오

허용되지 않는 이미지

- 무례하고, 유해하며, 오해를 불러일으키는 공인/사건 묘사 또는 오해를 불러일으킬 가능성이 있는 이미지
- 증오심 표현, 노골적이거나 실제적인 폭력을 묘사한 이미지
- 누드 또는 동의하지 않은 노골적이고 성적인 공인의 이미지
- 문화적으로 둔감하다고 간주될 수 있는 이미지

마지막으로 AI 시스템은 완벽하지 않기 때문에 해당 프롬프트에 문제가 없지만 거절을 당한 경우, 'notify developers(개발자에게 알림)' 버튼을 클릭하라고 안내합니다. 하지만 예시는 객관적으로 문제가 있는 프롬프트이기 때문에 해당 버튼을 클릭하지는 않았습니다.

07 이미지 생성이 완료되었습니다. 예제에서는 다른 이미지도 보고 싶어 🔄을 클릭했습니다. 🔄을 클릭하면 동일한 프롬프트에 대한 이미지 재생성이 시작됩니다.

08 재생성된 결과물이 나타납니다. 재생성을 반복해보겠습니다.

09 재생성한 이미지 중 첫 번째 이미지가 점점 비슷해져가는 AI와 사람의 모습을 거울 반사를 통해 효과적으로 표현한 것 같다는 생각이 듭니다. 업스케일 과정을 거치기 위해 [U1]을 클릭합니다.

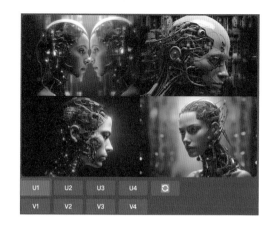

10 업스케일된 결과물이 생성되었습니다. 이미지를 클릭합니다.

11 이미지를 복사해 블로그 포스팅에 삽입하기 위해 확대된 그림을 마우스 오른쪽 버튼으로 클릭합니다. [이미지 복사]를 클릭합니다.

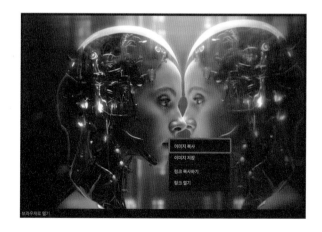

12 블로그 포스팅으로 돌아와 Ctrl + V 로 본문에 붙여 넣습니다.

13 포스팅에 이미지 삽입이 완료되었습니다. 각 주제의 글을 뒷받침해주는 이미지가 삽입되니 이전에 비해 몰입감이 더욱 살아납니다.

이번 LESSON에서는 글을 잘 표현해주는 삽화 이미지를 생성해보았습니다. 컨텐츠를 제작할 때는 글도 중요하지만 다루는 주제를 시각적으로 뒷받침하고 담아내는 이미지가 함께 있어야 더 설득력 있는 콘텐츠를 제작할 수 있습니다.

이미지를 통해 사람들은 글을 읽기 전 글의 분위기나 주제를 함축적으로 이해할 수 있고, 호기심을 자극할 수도 있습니다. AI를 활용하면 글의 주제를 입력하는 것만으로도 효과적인 이미지를 생성할 수 있습니다. 또한 생각하고 있는 글의 분위기나 원하는 이미지의 스타일을 추가로 입력한다면 더욱 효과적으로 이미지를 생성할 수 있다는 것을 기억합니다.

나만의
음악 앨범 커버 만들기

미드저니로 음악 앨범 커버 만들기

음악 아티스트의 앨범 표지는 앨범의 메인 타이틀 곡을 대표하기 때문에 시각적인 요소가 매우 중요합니다. 앨범 표지는 아티스트의 음악을 처음 접하는 사람들에게 가장 먼저 보이는 요소일 뿐만 아니라 앨범에 대한 시각적인 인상을 형성하고, 관심을 유발할 수 있습니다.

잘 디자인된 앨범 표지는 눈에 띄고 기억에 남으며, 앨범에 대한 관심과 호기심을 불러일으킬 수 있습니다. 또한 앨범 표지는 아티스트나 밴드의 정체성과 음악적

스타일을 시각적으로 전달하는 역할을 하기도 합니다. 이번 LESSON에서는 이미지 생성 AI를 통해 앨범의 이야기와 콘셉트를 시각적으로 전달하는 앨범 커버를 만들어보겠습니다. 이를 잘 활용하면 행사, 영화 포스터도 충분히 제작할 수 있습니다.

앨범 콘셉트 정리하기

01 앨범과 수록곡을 설명하기 위한 기초 자료를 정리합니다. 수록곡의 전반적인 분위기, 내용에 대한 정보를 정리하면 좋습니다.

앨범 제목	Euphoric Dreams(행복한 꿈)	
아티스트	Dreaming(드리밍)	
앨범 분위기	타이틀곡 'Euphoric Dreams'은 감각적이고 환상적인 분위기를 가지고 있습니다. 앨범 수록곡은 드라마틱하고 우아한 멜로디, 편안한 비트를 가진 일렉트로닉 음악으로 구성되어 있습니다. 음악을 들으면 환상적인 꿈을 떠올리고, 감성적인 여행을 하는 듯한 분위기를 느낄 수 있습니다.	
수록곡 설명	Celestial Echoes	천체의 우주적인 울림을 담은 일렉트로닉 곡입니다. 신비로운 사운드와 우주적인 멜로디가 함께 어우러져 천상의 느낌을 전달합니다.
	Enchanted Memories	흐릿한 기억과 추억에 대한 감성적인 곡입니다. 감미로운 멜로디와 따뜻한 신스 사운드가 조화롭게 어우러진 분위기를 풍깁니다.
	Rhythmic Reverie	운동감이 느껴지는 리듬과 긴장감 넘치는 일렉트로닉 비트가 특징인 곡입니다. 춤추듯 움직이는 멜로디의 흥분이 느껴지는 에너지를 전달합니다.
	Mystic Voyage	신비로운 여행을 상상하게 만드는 곡입니다. 신비한 사운드와 이국적인 멜로디가 아슬아슬한 모험으로 인도할 것입니다.
	Serenity's Embrace	평온하고 편안한 분위기를 담은 곡입니다. 아름다운 피아노 멜로디와 부드러운 일렉트로닉 사운드가 조화를 이루며 평화로운 느낌을 전달합니다.

02 앨범 커버에 들어갈 요소를 작성해봅니다. 당장 프롬프트에 활용하지 않더라도 베리에이션을 만들거나, 전체적인 분위기를 좌우하므로 최대한 자세히 작성하는 것이 좋습니다.

메인 색상 사용	부드럽고 빛나는 톤을 활용해 곡의 분위기와 감성을 전달하려고 함. 하늘색, 보라색을 사용한 그러데이션 색상을 활용하고 싶음.
그래픽(오브젝트) 요소	별빛, 구름, 은하수, 꽃잎과 같은 오브젝트를 통해 추상적인 이미지를 구현하고 싶음. 환상적이고 우주적인 분위기를 강조할 예정.
아티스트/앨범 이름 표시	'Euphoric Dreams'라는 앨범 이름과 아티스트 이름을 표시할 예정. 현대적이고 스타일리시한 폰트를 사용.
일러스트레이션 또는 사진	앨범 커버에는 침대 일러스트레이션이 메인이 되고 실사 사진은 넣지 않을 예정.

TIP 예시에서 사용된 앨범은 가상의 앨범입니다. 여러분이 원하는 아티스트의 앨범이 있다면 이를 바탕에 두고 프롬프트를 작성해 시도해보는 것도 좋습니다.

03 앞선 과정에서 도출된 내용을 바탕에 두고 프롬프트를 작성해봅니다. 한글로 먼저 작성한 후 번역 사이트에서 번역해도 좋습니다.

프롬프트 Album cover of a song about happy dreams, with a bed illustration in the center, sky blue, purple, gradation, symbols such as stars, clouds, galaxies, petals, and abstract elements on the edges of the album, fantastic and cosmic atmosphere

(행복한 꿈에 대한 노래 앨범 표지, 중앙에는 침대 일러스트레이션이 있음, 하늘색, 보라색의 그러데이션, 앨범 가장자리에는 별빛, 구름, 은하수, 꽃잎과 같은 심볼, 추상적인 요소들이 있음, 환상적이고 우주적인 분위기)

미드저니로 앨범 커버 이미지 생성하기

01 디스코드를 실행하고 미드저니에 접속합니다. 왼쪽의 채널 목록에서 [NEWCOMER ROOMS]-[newbies-#] 채널 중 하나에 입장합니다.

02 ❶ 메시지 입력란에 아래 프롬프트를 입력하고 ❷ Enter 를 누릅니다.

프롬프트   Album cover of a song about happy dreams, with a bed illustration in the center, sky blue, purple, gradation, symbols such as stars, clouds, galaxies, petals, and abstract elements on the edges of the album, fantastic and cosmic atmosphere

(행복한 꿈에 대한 노래 앨범 표지, 중앙에는 침대 일러스트레이션이 있음, 하늘색, 보라색, 그러데이션, 앨범 가장자리에는 별빛, 구름, 은하구, 꽃잎과 같은 심볼, 추상적인 요소들이 있음, 환상적이고 우주적인 분위기)

03 이미지 생성이 완료됩니다. 이미지를 클릭하면 확대된 이미지 결과물을 확인할 수 있습니다. 네 번째 이미지가 마음에 든다고 가정하고 생성된 이미지 아래의 [U4]를 클릭합니다.

04 업스케일된 네 번째 이미지가 생성됩니다. 이대로 사용하기엔 침대 오브젝트가 커 보여서 조금 더 멀리서 본 구도로 이미지를 생성해보겠습니다. 이때는 Zoom out(줌아웃) 기능을 사용합니다. 생성된 이미지 아래의 [Zoom Out 1.5×]를 클릭합니다.

NOTE 미드저니의 Zoom out 기능

Zoom out 기능은 생성된 이미지의 줌아웃(멀리서 본)된 결과물을 생성해주는 기능입니다. 업스케일된 이미지 아래의 [Zoom Out 2×], [Zoom Out 1.5×]를 클릭해 2배 줌아웃, 1.5배 줌아웃을 선택할 수 있습니다. 구현되는 방식은 아래 이미지를 참고합니다.

05 ❶ 생성 중인 이미지를 확인하면 테두리 영역이 확장되어 줌아웃된 상태인 것을 확인할 수 있습니다. ❷ 네 개의 줌아웃된 결과물이 생성됩니다.

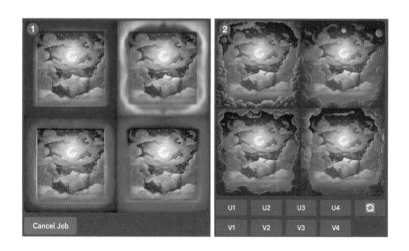

06 이미지를 클릭해 결과물을 확인합니다. 가운데 이미지는 동일하지만 각각 다른 형태의 구름 오브젝트가 테두리에 생성된 것을 확인할 수 있습니다.

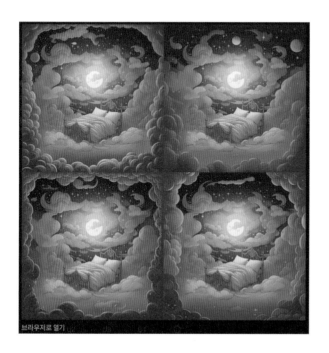

07 두 번째 이미지가 마음에 든다고 가정하고 업스케일을 하기 위해 ❶ [U2]를 클릭합니다. 업스케일된 이미지가 생성됩니다. ❷ 업스케일된 이미지를 클릭합니다.

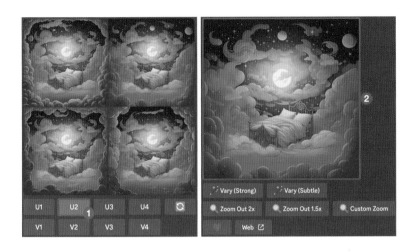

08 확대된 이미지에서 마우스 왼쪽 버튼을 클릭하고 ❶ [이미지 저장]을 클릭해 ❷ 이미지를 저장합니다.

캔바를 활용해 앨범 커버 텍스트 꾸미기

01 완성된 앨범 커버 이미지에 수록곡 및 메인 타이틀, 아티스트 텍스트를 삽입해보겠습니다. 포토샵과 같은 전문 프로그램을 사용해도 되지만 온라인에서 손쉽게 콘텐츠를 제작할 수 있는 캔바를 활용해보겠습니다. 캔바 사이트(https://www.canva.com/)에 접속합니다. 가운데 검색란을 클릭합니다.

NOTE 누구나 쉽게 캔바 활용하기

캔바(Canva)는 웹 서비스 기반의 디자인 도구로, 누구나 쉽고 편리하게 디자인할 수 있는 환경을 제공합니다. 사용자 친화적인 인터페이스를 갖추고 있으며, 다양한 디자인 템플릿과 도구를 제공하기 때문에 그래픽 도구를 다루기 어려워하는 사람도 손쉽게 디자인 작업물을 만들 수 있습니다.

포스터, 소셜 미디어 게시물, 명함, 배너, 프레젠테이션 슬라이드 등 다양한 형식의 이미지를 만들 수 있습니다. 기본 제공되는 템플릿 덕분에 레이아웃을 고민할 필요 없이 텍스트, 이미지, 아이콘 등을 추가하거나 수정해 자신만의 디자인을 만들 수 있습니다.

TIP 캔바 외에도 피그마(Figma), 구글 슬라이드(Google Slide), 국내에서 주로 활용하는 미리캔버스(https://www.miricanvas.com/) 등과 같은 편집 도구를 사용해도 됩니다.

01 캔바 사이트(https://www.canva.com/)에 접속합니다. [무료로 가입하기]를 클릭합니다.

02 이용 약관이 나타나면 ❶ 각 항목에 체크하고 ❷ [동의 및 계속]을 클릭하고 회원 가입 방법을 선택합니다. ❸ 구글, 페이스북과 같은 SNS 서비스나 이메일로 가입할 수 있습니다.

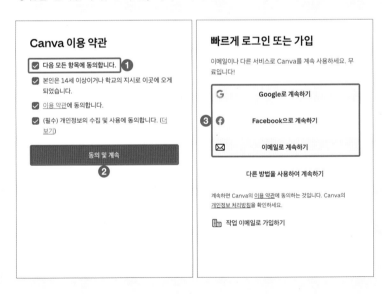

03 캔바를 어떤 목적으로 사용할지 등을 묻는 간단한 설문 항목이 나타납니다. 계속 진행해 가입을 완료합니다.

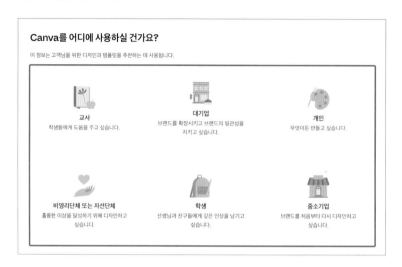

02 앨범 커버를 만들 계획이기 때문에 ❶ 검색란에 **album**을 입력합니다. 다른 검색 결과를 보기 위해 ❷ [모두 보기]를 클릭합니다.

03 다양한 앨범 템플릿이 나타납니다. 마음에 드는 템플릿을 클릭합니다.

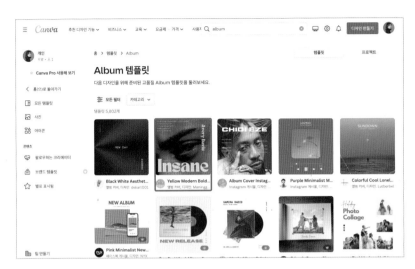

TIP 캔바에서 검색해도 예제에서 사용한 이미지가 나타나지 않을 수 있습니다. 이때는 다른 앨범 커버를 활용해 실습을
진행해도 됩니다. 검색 결과 중 오른쪽 하단에 왕관 표시가 있는 앨범은 유료 서비스용 템플릿이니 참고합니다.

04 템플릿 정보가 나타납니다. [이 템플릿 맞춤 편집하기]를 클릭합니다.

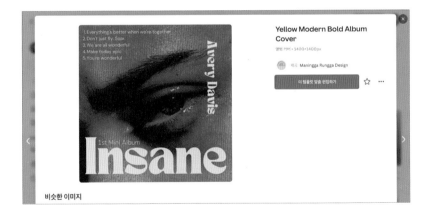

05 이미지 편집 화면이 나타나고 선택한 템플릿이 삽입된 것을 확인할 수 있습니다.

06 ❶ [숨기기]를 클릭하면 ❷ 왼쪽 작업 바 영역을 감출 수 있습니다.

TIP 작업 중 단축키를 활용해 작업 바를 숨기려면 Ctrl+/(맥OS는 Command+/)를 누릅니다.

07 표지에 들어갈 이미지를 변경하기 위해 템플릿에 삽입된 ❶ 이미지를 클릭합니다. ❷ 아래 🗑을 클릭하고 ❸ [이미지 삭제]를 클릭합니다.

08 템플릿에서 이미지가 삭제됩니다.

09 생성한 이미지를 넣기 위해 왼쪽 작업 바에서 ❶ [업로드 항목]을 클릭합니다. ❷ [파일 업로드]를 클릭합니다.

10 ❶ 앞서 저장한 커버 이미지를 찾아 업로드합니다. ❷ 작업 바에 섬네일 이미지와 함께 업로드된 것을 확인할 수 있습니다.

11 ❶ 왼쪽 작업 바에서 업로드한 이미지의 섬네일을 클릭하면 ❷ 오른쪽 캔버스에 이미지가 삽입됩니다.

12 ❶ 캔버스에 맞게 이미지 크기를 조절합니다. ❷ 기본 텍스트 내용은 앨범에 맞는 내용으로 수정합니다. 캔바에서는 이미지 위치에 맞게 자동으로 가이드가 표시되므로 어렵지 않게 작업할 수 있습니다. 텍스트 크기는 상단 작업 바의 ─ 66 + 에서 조절합니다.

13 텍스트의 색상을 변경하기 위해 ❶ 메인 타이틀에 해당하는 텍스트 박스를 클릭합니다. ❷ 상단 작업 바의 A 을 클릭합니다.

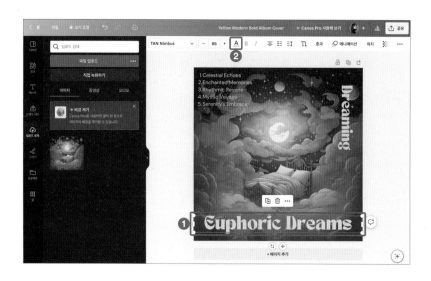

14 왼쪽 영역에 나타난 ❶ 팔레트에서 원하는 색을 클릭합니다. ❷ 텍스트의 색상이 변경됩니다.

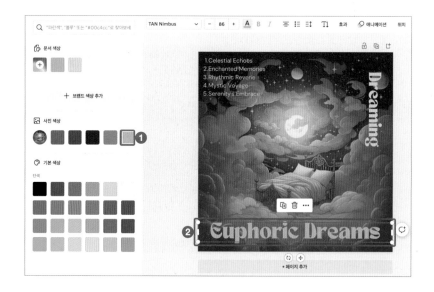

15 ❶ 각각의 텍스트도 동일하게 색상을 변경한 후 ❷ 상단 작업 바의 `- 66 +`에서 텍스트의 크기를 알맞게 조절합니다.

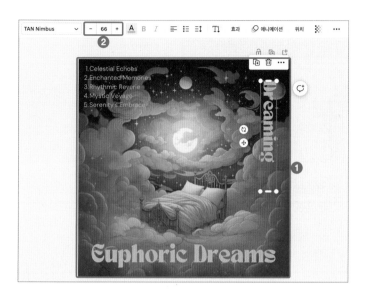

16 앨범 커버 디자인이 완료되면 ❶ 오른쪽 상단의 [공유]를 클릭하고 ❷ [다운로드]를 클릭합니다.

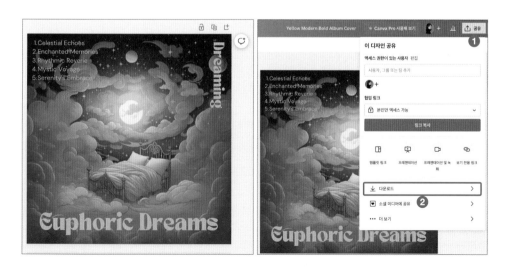

17 다운로드 설정 창이 나타나면 원하는 ❶ [파일 형식]을 선택합니다. 예제에서는 [JPG]를 선택했습니다. ❷ 파일의 크기나 품질도 조절합니다. ❸ 설정을 완료하고 [다운로드]를 클릭합니다.

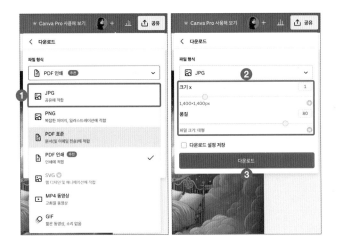

18 ❶ 다운로드가 진행되고 완료되면 ❷ 웹브라우저의 기본 다운로드 폴더에 저장됩니다.

19 생성한 앨범은 사운드클라우드(Soundcloud)와 같은 음원 공유 플랫폼, 다양한 SNS에 자유롭게 활용할 수 있습니다.

지금까지 이미지 생성 AI를 활용해 음악 앨범 표지를 디자인해보았습니다. 초보자가 손쉽게 이미지를 생성해 작업하고, 많은 양의 이미지를 신속하게 생성할 수 있다는 점에서 전문적인 디자인 프로세스도 빠르게 진행할 수 있습니다. 또한 대규모 데이터를 바탕으로 다양한 스타일의 이미지를 생성하기 때문에 자신만의 특별한 음악 표지를 생성할 수 있습니다. 원하는 콘셉트의 분위기를 묘사하는 것만으로도 개인 앨범 표지를 제작할 수 있기 때문에 음악 아티스트에게도 큰 도움이 될 것입니다.

CHAPTER 02
회사 업무에
이미지 생성 AI
활용하기

마케터의
SNS 홍보 자료 만들기

SNS 플랫폼과 카드뉴스의 마케팅 활용 양상

각종 SNS 플랫폼이 기업 마케팅 전략에서 매우 중요한 역할을 하게 된 것은 어제 오늘 일이 아닙니다. 기업들은 다양한 형태의 콘텐츠를 업로드하여 브랜드 인지도를 높이고 제품, 서비스를 소개합니다. SNS 플랫폼은 고객과 상호작용하는 데 매우 유용한 도구로 활용되고 있습니다.

SNS에 업로드할 수 있는 콘텐츠는 사진, 동영상, 텍스트, 그래픽 등 다양한 형태가 있습니다. 이러한 콘텐츠를 통해 제품 또는 서비스의 특징, 새로운 이벤트나 프로모션을 알릴 수 있고 고객과의 상호작용을 유도할 수 있습니다. 특히 인스타그램, 페이스북과 같은 SNS 서비스에서는 다양한 홍보 이미지, 인포그래픽, 특히 카드뉴스를 통해 많은 정보를 빠르게 전달할 수 있습니다.

카드뉴스는 시각적인 요소를 활용하여 복잡한 정보를 쉽게 이해할 수 있도록 구성하는 콘텐츠입니다. 정부에서도 이러한 장점을 활용해 정책 및 제도 등의 정보를 전달하고, 국민의 이해를 높이는 노력을 기울이고 있습니다.

▲ 대한민국 환경부의 카드뉴스[1]

카드뉴스는 시각적인 효과를 적극 활용하여 정보 전달의 효율성을 높이는 것이 중요하기 때문에 디자인 기초 원리와 그래픽 프로그램을 잘 모르는 마케터는 카드뉴스 제작에 어려움이 많았습니다. 하지만 최근에는 카드뉴스를 쉽게 만들 수 있는 도구가 많아졌습니다. 이때 이미지 생성 AI를 활용하면 카드뉴스에 들어갈 이미지

---

1   대한민국 환경부 정책 홍보 카드뉴스, 출처 : https://me.go.kr/home/web/index.do?menuId=10392

를 더욱 쉽고 빠르게 확보할 수 있습니다. 지금부터 AI를 활용해 카드뉴스에 사용할 수 있는 이미지를 어떻게 만들 수 있는지 알아보겠습니다.

일러스트 스타일의 인포그래픽 카드뉴스 만들기

01 카드뉴스의 목적과 주제를 설정합니다. 이미지 생성 AI를 활용해 어떤 스타일의 인포그래픽 이미지를 만들지 키워드를 적어봅니다.

주제	○○ 출판사에서 소개하는 '여름 휴가에 가기 좋은 독립 서점' 카드뉴스
키워드	서점, 여름 휴가, 휴가를 즐기는 사람들

02 프롬프트를 작성하고 영어로 번역합니다. 번역은 구글 번역 혹은 딥엘을 활용해 번역합니다.

> **프롬프트**   Illustration of people going to a bookstore on summer vacation, card news illustration, minimalism, simplification, card news
>
> (여름 휴가에 서점에 가는 사람들의 모습, 카드뉴스 일러스트레이션, 미니멀리즘, 단순화, 카드뉴스)

03 디스코드를 실행하고 미드저니에 접속합니다. 왼쪽의 채널 목록에서 [NEWCOMER ROOMS]-[newbies-#] 채널 중 하나에 입장합니다.

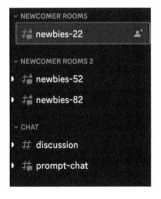

04 ① **/imagine prompt[]**를 입력하고 이어서 번역한 프롬프트를 입력합니다. ② Enter 를 누르면 이미지 생성이 시작됩니다.

> 프롬프트 Illustration of people going to a bookstore on summer vacation, card news illustration, minimalism, simplification, card news
>
> (여름 휴가에 서점에 가는 사람들의 모습, 카드뉴스 일러스트레이션, 미니멀리즘, 단순화, 카드 뉴스)

05 이미지 생성이 완료되었습니다. ① 이미지를 클릭해 확대합니다. ② 서점 건물과 사람들 의 모습이 담긴 결과물이 생성되었습니다.

06 생성된 결과물은 카드뉴스의 텍스트가 들어갈 자리가 충분하지 않습니다. 여백이 조금 더 포함된 이미지를 생성할 수 있도록 프롬프트를 추가합니다. ❶ 새로운 프롬프트를 입력한 후 ❷ Enter 를 누릅니다.

> 프롬프트 Illustration of people going to bookstore on summer vacation, card news illustration, minimalism, simplification, card news, Wide margin
> (여름 휴가에 서점에 가는 사람들의 모습, 카드뉴스 일러스트레이션, 미니멀리즘, 단순화, 카드뉴스, 넓은 여백)

07 이미지 생성이 완료되었습니다. 마지막 이미지를 제외하고 앞서 생성한 이미지와 비교해 적당한 여백이 생겼습니다.

08 생성된 이미지 중 두 번째 이미지가 마음에 든 다고 가정하겠습니다. [U2]를 클릭해 업스케일을 진 행합니다.

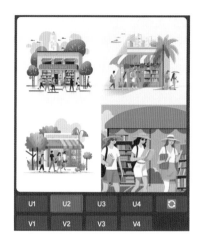

09 업스케일된 결과물이 나타납니다. 이미지를 저장하기 위해 생성된 이미지를 클릭합니다.

10 ❶ 확대된 이미지에서 마우스 오른쪽 버튼을 클릭하고 [이미지 저장]을 클릭합니다. ❷ 이미지를 저장합니다.

생성한 이미지로 캔바에서 카드뉴스 만들기

01 생성된 이미지를 토대로 카드뉴스를 디자인하기 위해 캔바 사이트(https://www.canva.com)에 접속합니다. 가입한 계정으로 로그인하면 메인 화면이 나타납니다.

TIP 자세한 캔바 사용법은 152쪽을 참고합니다.

02 다른 템플릿이나 작업 형식을 참고해보겠습니다. ❶ 왼쪽 목록에서 [모든 템플릿]을 클릭합니다. ❷ 다양한 템플릿 양식이 나타납니다.

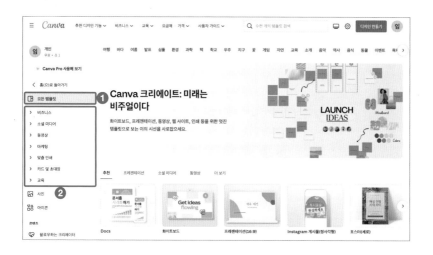

03 템플릿 양식 중 인스타그램을 위한 카드뉴스를 만들기 위해 ❶ [소셜 미디어] 카테고리를 클릭하고 ❷ [Instagram 게시물]을 클릭합니다. 정사각형 템플릿 중 원하는 디자인이 있다면 선택합니다. ❸ 스스로 제작하고 싶다면 [빈 디자인 만들기]를 클릭합니다.

04 하얀색 대지와 함께 작업 화면이 나타납니다. 앞서 미드저니로 생성한 이미지를 삽입하겠습니다. 왼쪽 작업 바에서 [업로드 항목]을 클릭합니다.

05 ❶ [파일 업로드]를 클릭합니다. ❷ 윈도우의 탐색기 혹은 맥OS의 Finder가 나타나면 생성한 이미지를 선택해 업로드합니다.

06 ❶ 업로드된 이미지 섬네일을 클릭하면 ❷ 캔버스에 이미지가 삽입됩니다. 원하는 위치에 이미지를 배치합니다. ❸ 하단에 텍스트를 삽입하기 위해 예제에서는 이미지를 상단에 배치했습니다.

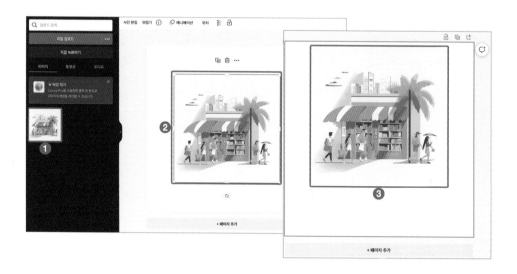

07 ❶ 캔버스 영역의 여백을 클릭합니다. ❷ 상단 바에서 팔레트 ▧ 를 클릭합니다. ❸ 왼쪽 작업 바에서 색상을 베이지색으로 변경합니다.

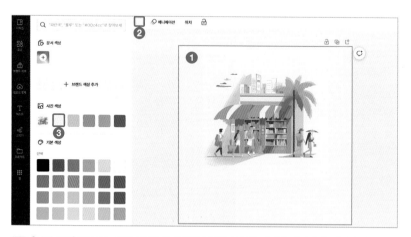

TIP [사진 색상] 항목에는 현재 캔버스에 삽입된 사진을 분석한 결과에 따라 추천 색상이 나타납니다. 만약 생성한 이미지의 색상이 다르다면 해당 이미지에 맞는 색상을 선택하면 됩니다.

08 이미지 하단에 들어갈 텍스트를 입력합니다. ❶ 왼쪽 작업 바에서 [텍스트]를 클릭하고 ❷ 텍스트 스타일 목록에서 마음에 드는 스타일을 클릭합니다. 캔버스에 텍스트가 삽입됩니다. ❸ 텍스트를 수정하고 위치를 적절히 배치한 후 크기를 조절합니다.

09 ❶ 상단 작업 바에서 Ⓐ를 클릭하고 ❷ 텍스트 색상도 원하는 색으로 변경합니다.

10 장식 요소를 추가해보겠습니다. ❶ 왼쪽 작업 바에서 [요소]를 클릭합니다. ❷ 다양한 주제의 그래픽과 스티커 아이콘이 나타납니다.

11 카드뉴스 테마에 어울리는 스티커 아이콘을 찾아보겠습니다. ❶ 검색란에 **책**을 입력합니다. ❷ [그래픽]의 [모두 보기]를 클릭합니다.

12 여러 가지 책 스티커가 나타납니다. 원하는 디자인을 클릭해 캔버스에 삽입하고 배치합니다.

13 동일한 방법으로 여름 휴가라는 콘셉트에 맞게 여름과 휴가에 해당하는 스티커 아이콘을 검색해 삽입합니다. 스티커의 크기를 적절하게 조절하고 배치합니다.

14 출판사 이름에 해당하는 추가 텍스트를 삽입하겠습니다. ❶ 왼쪽 작업 바에서 [텍스트] 를 클릭합니다. ❷ 원하는 텍스트 스타일을 클릭하고 ❸ 출판사의 이름을 입력한 후 크기를 조절해 배치합니다.

15 ❶❷ 카드뉴스에 어울리도록 텍스트 색도 변경합니다.

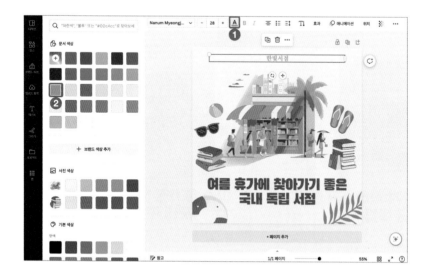

16 카드뉴스 디자인이 마무리되었습니다. 디자인을 공유하기 위해 파일로 저장하겠습니다. 오른쪽 상단의 ❶ [공유]를 클릭하고 ❷ [다운로드]를 클릭합니다. ❸ [파일 형식]과 [크기]를 설정한 후 ❹ [다운로드]를 클릭합니다.

17 작업이 완료된 카드뉴스를 확인합니다.

실사 스타일 이미지를 생성해 카드뉴스 만들기

카드뉴스를 제작하기 위해 실제 사진을 활용해야 하는 경우가 있습니다. 사진에는 저작권이 있기 때문에 작가의 허락을 받아야 합니다. 그래서 셔터스톡 (Shutterstock)과 같은 사진 라이선스 판매 사이트를 활용하지만 활용 범위가 제한적이고 가격도 만만치 않습니다. 이때 이미지 생성 AI를 활용하여 조금 더 편리하게 실사 사진 수준의 이미지를 확보할 수 있습니다. 이번에는 카드뉴스에 들어갈 사진을 미드저니를 활용해 만들어보겠습니다.

▲ 환경부의 플로깅 홍보 카드뉴스 예시, 중간에 삽입된 사진은 직접 촬영된 사진[2]

---

2 '기후행동 홍보대사와 함께 탄소중립을 향해!', 환경부.
출처 : https://me.go.kr/home/web/board/read.do?pagerOffset=132&maxPageItems=6&maxIndexPages=10&searchKey=&searchValue=&menuId=10392&orgCd=&boardId=1597460&boardMasterId=713&boardCategoryId=&rn=137

01 카드뉴스의 목적과 주제를 설정합니다. 어떤 이미지가 필요할지 키워드를 적어봅니다. 프롬프트 키워드를 정리하고 ❶ 미드저니에 프롬프트로 입력합니다. ❷ Enter 를 눌러 이미지 생성을 시작합니다.

> **카드뉴스의 목적과 주제**
> 탄소 중립을 위해 공원에서 쓰레기를 줍자는 내용(플로깅)을 소개하는 카드뉴스

> 프롬프트 people picking up garbage in the park, park, environmental movement, eco-friendly, photography, real photos taken with a camera
>
> (공원에서 쓰레기를 줍는 사람들, 공원, 환경 운동, 환경친화적인, 사진, 카메라로 찍은 실제 사진)

TIP 디스코드를 실행하고 미드저니에 접속합니다. 채널 목록에서 [NEWCOMER ROOMS] – [newbies-#] 채널 중 하나에 입장해 작업을 진행합니다.

02 쓰레기를 줍고 있는 사람들의 사진 이미지가 생성됩니다.

03 카드뉴스에 필요한 이미지가 가로가 긴 비율의 이미지라면 비율 프롬프트를 추가합니다. 가로로 긴 4:3 비율의 이미지를 생성하기 위해 비율 프롬프트 **--ar 4:3**을 추가합니다. 단체복을 입고 있다는 설정도 추가했습니다.

> 프롬프트 Garbage pickers in uniforms in the park, parks, environmental activism, eco-friendly, photography, real photos taken with a camera, --ar 4:3
>
> (공원에서 단체복을 입고 쓰레기를 줍는 사람들, 공원, 환경 운동, 환경친화적인, 사진, 카메라로 찍은 실제 사진, --ar 4:3)

04 ❶ 프롬프트를 입력하고 ❷ Enter 를 누릅니다. ❸ 단체복을 입고 있는 사람들의 이미지가 가로로 긴 비율로 생성됩니다.

05 네 번째 이미지가 마음에 든다고 가정하겠습니다. [U4]를 클릭해 업스케일을 진행합니다.

06 업스케일된 네 번째 이미지가 생성되었습니다. 업스케일링된 결과물을 다운로드하기 위해 이미지를 클릭합니다.

07 ❶확대된 이미지에서 마우스 오른쪽 버튼을 클릭하고 [이미지 저장]을 클릭합니다. ❷
이미지를 저장합니다.

08 저장된 이미지를 확인합니다.

09 캔바 사이트(https://www.canva.com)에 접속합니다. ❶[모든 템플릿]–[소셜 미디어]–[Instagram 게시물]을 클릭합니다. ❷ 원하는 템플릿 양식이 없다면 [빈 디자인 만들기]를 클릭합니다.

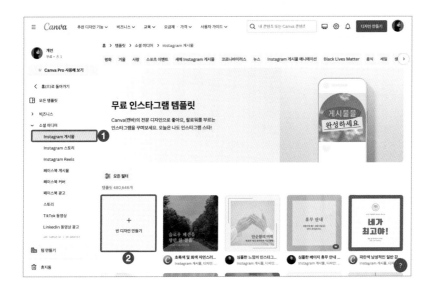

10 ❶ 빈 캔버스가 나타납니다. ❷ 07 단계에서 저장한 사진 이미지를 캔버스에 삽입하고 배경색을 적절하게 변경합니다.

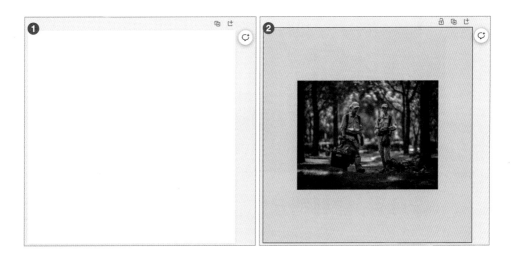

11 ❶ 카드뉴스에 필요한 텍스트를 삽입하고 ❷ 적절한 스티커 아이콘도 삽입합니다. 예제에서는 텍스트 박스 배경색, 이미지 테두리 등도 설정하였습니다.

12 카드뉴스 템플릿이 완성되면 저장해 활용합니다.

지금까지 미드저니에서 생성한 인포그래픽 이미지, 실사에 가까운 이미지를 바탕으로 카드뉴스를 제작해보았습니다. 이미지 생성 AI를 활용하면 카드뉴스에 활용할만한 매력적인 이미지를 쉽게 만들 수 있고, 본인이 원하는 요소를 얼마든지 추가해 생성할 수 있다는 장점이 있습니다. 누군가가 직접 촬영한 사진이 아니기 때문에 가장 민감한 저작권 문제에서도 자유롭습니다.

디자인 전문가가 아니라면 카드뉴스에 쓸 수 있는 적절한 사진을 찾는 시간, 스톡 사이트에서 이미지를 구매해야 하는 금전적 부담이 따릅니다. 하지만 미드저니와 같은 이미지 생성 AI를 활용해 적은 비용으로 원하는 이미지를 빠르고, 저렴하게 생성할 수 있습니다. 여러분도 이미지 생성 AI를 활용해 미디어 콘텐츠를 더욱 빠르고 효율적으로 만들 수 있길 바랍니다.

기획자의 디자이너 소통용 레퍼런스 이미지 만들기

디자이너와 기획자 간 소통의 어려움

디자인 지식이 없거나 그림 실력이 부족한 기획자가 자신의 의도를 디자이너에게 전달하는 것은 쉽지 않습니다. 생각을 글로 적는 것에는 한계가 있고, 대충 그려서 전달했다간 의도한 분위기와 이미지가 전혀 다른 방향으로 나올 수 있습니다.

'웹 소설 표지 외주가 비싼 이유'를 검색해보면 국내 커뮤니티에서 많은 공감을 얻었던 게시글을 확인할 수 있습니다. 웹 소설 기획자가 의뢰서에 그린 조악한 그림만 보고 디자이너가 정교한 결과물을 내놓는다는 내용인데요. 그만큼 기획자 입장에서 자신의 의도를 디자이너에게 온전히 전달하는 것은 매우 어렵습니다. 웹 소설은 물론 케이크 도안, 다양한 일러스트 외주 등 디자인 비전문가인 기획자 입장에서 원하는 바를 표현하는 것에는 한계가 있습니다.

이번 LESSON에서는 디자이너와의 더 나은 소통을 위해 기획자 및 디자인 비전 문가가 활용할 수 있는 레퍼런스(참고) 이미지를 제작해보겠습니다. 이렇게 제작한 이미지를 디자인 의뢰 시 레퍼런스 자료로 활용한다면 기획자는 자신의 의도를 명확하게 디자이너에게 전달할 수 있고, 디자이너는 기획자의 의도를 오해할 위험을 줄여 효율적인 의사소통이 가능해집니다. 디자인 외주 외에도 회사 실무에서 디자이너와의 소통이 필요한 순간에 AI를 활용한다면 자신의 원하는 방향을 더욱 쉽고 명확하게 전달할 수 있을 것입니다.

의도를 살려 웹 소설 표지 레퍼런스 만들기

01 소설의 한 장면 중 표지에 사용할 '크리스마스 트리 앞에서 즐거워하는 눈사람들'을 위한 레퍼런스 이미지를 만든다고 가정해보겠습니다. 우선 의도한 스케치가 있다면 이를 바탕으로 기획자가 의도하는 바를 작성합니다. ❶ 미드저니에 접속한 후 해당 프롬프트를 메시지 입력란에 입력합니다. ❷ Enter 를 누르면 이미지 생성을 시작합니다.

프롬프트 There is a huge Christmas tree in the center of the screen, and snowmen are having fun around the tree. The background is a desert.
(화면 중앙에 거대한 크리스마스 트리가 있고, 주변에는 눈사람들이 나무 주위로 즐거워하고 있다. 배경은 사막이다.)

02 이미지 생성이 완료되었습니다. 이미지를 클릭하면 확대된 이미지를 확인할 수 있습니다.

03 생각한 표지는 조금 더 일본 만화의 일러스트 같은 느낌이었다고 가정해보겠습니다. 프롬프트를 수정합니다. 기존 프롬프트 뒤에 **Japanese manga style**(일본 만화 스타일)을 추가합니다. 또한 웹 소설 표지 양식을 고려해 비율을 명시합니다. 보통 웹 소설 표지는 세로가 더 긴 모양이므로 **--ar 2:3**을 마지막에 입력합니다. ❶ 해당 프롬프트를 메시지 입력란에 입력합니다. ❷ Enter 를 누릅니다.

> 프롬프트   There is a huge Christmas tree in the center of the screen, and snowmen are having fun around the tree. The background is a desert. Japanese manga style, --ar 2:3
>
> (화면 중앙에 거대한 크리스마스 트리가 있고, 주변에는 눈사람들이 나무 주위로 즐거워하고 있다. 배경은 사막이다. 일본 만화 스타일, --ar 2:3)

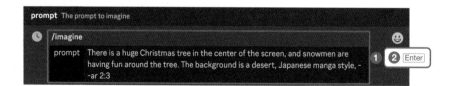

04 이미지 생성이 완료되었습니다. 이미지를 클릭하면 확대된 이미지를 확인할 수 있습니다. 이전 결과물에 비해 일본 만화 같은 느낌이 강해졌습니다.

05 업스케일을 진행하겠습니다. 두 번째 이미지가 마음에 든다고 가정하고 [U2]를 클릭합니다. 업스케일을 거친 두 번째 이미지 생성이 완료됩니다.

의도한 분위기와 비슷한 결과가 나와 만족스럽지만, 실제 아티스트의 느낌이 반영된 결과물을 레퍼런스로 활용하고 싶다면 해당 아티스트에 대한 언급을 프롬프트에 추가할 수 있습니다.

만약 생각하고 있는 스타일에 대한 확신이 없다면 다음과 같이 레퍼런스 이미지를 생성해봅시다. 이번 예제에서는 개성 넘치는 이미지 스타일을 가진 세 명의 감독 '신카이 마코토(新海 誠)', '웨스 앤더슨(Wes Anderson)', '팀 버튼(Tim Burton)'의 스타일이 반영된 결과물을 생성해보겠습니다. 먼저 신카이 마코토 감독의 스타일을 적용해보겠습니다.

▲ 신카이 마코토 감독의 '(왼쪽)〈스즈메의 문단속〉', '(오른쪽)〈초속 5센티미터〉'[3]

---

3 〈스즈메의 문단속(すずめの戸締まり)〉, 2023, 제작 : CoMix Wave Films Inc., 배급 : SHOWBOX Corp. / 〈초속 5센티미터(秒速5センチメートル)〉, 2007, 제작 : CoMix Wave Films Inc., 배급 : MediaCastle

01 빛의 마술사라고 불리는 애니메이션 거장 신카이 마코토 감독의 작품과 비슷한 느낌을 결과물에 추가해보겠습니다. 기존 프롬프트(Japanese manga style) 대신 추가 프롬프트 **Shinkai Makoto style**을 입력합니다.

> 프롬프트 There is a huge Christmas tree in the center of the screen, and snowmen are having fun around the tree. The background is a desert, Shinkai Makoto style, --ar 2:3

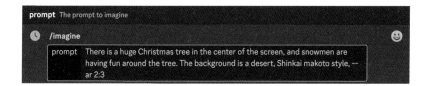

02 이미지 생성이 완료되었습니다. 이전에 생성된 결과물들에 비해 빛 표현이 더욱 추가되었습니다.

이번에는 좌우 대칭의 영상미가 두드러지는 웨스 앤더슨 감독과 기괴하고 신비로운 느낌의 팀 버튼 감독의 스타일을 살려 이미지를 생성해보겠습니다.

▲ 웨스 앤더슨 감독의 '(왼쪽)〈그랜드 부다페스트 호텔〉'[4], 팀 버튼 감독의 '(오른쪽)〈팀 버튼의 크리스마스의 악몽〉'[5]

03 웨스 앤더슨 감독은 대칭적 영상미와 파스텔 톤을 효과적으로 사용하는 감독으로 유명합니다. 이번에는 신카이 마코토 감독의 이름이 들어간 프롬프트 부분(Shinkai Makoto style)을 웨스 앤더슨 스타일(**Wes Anderson style**)로 수정합니다.

> 프롬프트 There is a huge Christmas tree in the center of the screen, and snowmen are having fun around the tree. The background is a desert, Wes Anderson style, --ar 2:3

🕐 /imagine
prompt There is a huge Christmas tree in the center of the screen, and snowmen are having fun around the tree. The background is a desert, Wes anderson style, --ar 2:3

---

4 〈그랜드 부다페스트 호텔(The Grand Budapest Hotel)〉, 2014, 제작 : Indian Paintbrush 외, 배급 : 20th Century Studio Korea

5 〈팀 버튼의 크리스마스의 악몽(The Nightmare Before Christmas)〉, 1995, 제작 : Skellington Productions, Touchstone Pictures, 배급 : The Walt Disney Company (Korea), LLC.

04 이미지 생성이 완료되었습니다. 이전 결과물에 비해 대칭적인 구도, 파스텔 톤이 더욱 많이 반영된 결과물이 생성되었습니다.

05 마지막으로 특유의 오싹하고 신비로운 분위기의 작품으로 널리 알려진 팀 버튼 감독의 작품과 비슷한 느낌을 구현해보겠습니다. 웨스 앤더슨 감독의 이름이 들어간 프롬프트 부분 (Wes Anderson style)을 팀 버튼 스타일(**Tim Burton style**)로 수정합니다.

> 프롬프트　There is a huge Christmas tree in the center of the screen, and snowmen are having fun around the tree. The background is a desert, Tim Burton style, --ar 2:3

06 팀 버튼 감독 특유의 기괴하고 신비로운 느낌이 있는 이미지가 생성되었습니다.

이번 LESSON에서는 디자이너와 기획자의 원활한 소통을 위해 AI를 활용하여 레퍼런스 이미지를 만들어보았습니다. 웹 소설 표지, 삽화 외에도 시각 언어가 익숙하지 않은 기획자가 디자인을 의뢰할 때 AI를 활용한다면 훨씬 효율적으로 업무를 진행할 수 있습니다.

LESSON 03

직장인을 위한
발표 이미지 단숨에 만들기

발표 자료 제작에서 이미지의 중요성

직장인의 핵심 역량이 무엇이냐는 물음에 이견이 있을 수 있지만, 발표 자료를 제작하는 작업의 중요성과 어려움은 모두가 공감할 것입니다. 발표 자료는 단순한 정보 전달 수단을 넘어 복잡한 아이디어와 데이터를 체계적, 직관적으로 전달해야 하기 때문입니다. 무엇보다 급변하는 업무 환경에서 정확하고 신속한 정보 전달은 필수이므로 정시성도 매우 중요합니다.

발표 자료는 전문성과 신뢰성을 강조하는 중요한 수단이 되기도 합니다. 따라서 시각적으로 매력적이고 내용적으로 탄탄한 자료는 청중의 관심을 사로잡으며, 제시된 아이디어나 정보에 대한 신뢰를 강화합니다.

이러한 발표 자료에서 이미지의 역할은 매우 중요합니다. 상황에 맞는 고품질의 이미지는 발표 자료에 전문적이고 세련된 느낌을 부여하고, 복잡한 내용을 이해하기 쉬운 형태로 전달합니다. 하지만 스톡 이미지를 검색하는 데 들어가는 시간, 상황에 맞는 이미지를 구하는 데 드는 노력은 전체 작업 일정에 큰 영향을 미치기도 합니다. 이때 이미지 생성 AI를 활용하면 이미지를 직접 제작할 수 있을 뿐 아니라, 검색하는 데 소요되는 시간과 노력을 상당히 절약할 수 있습니다.

발표 자료에 필요한 이미지 생성하기

01 발표 자료에 필요한 이미지를 생성하기 전 발표 자료의 주제 및 목표, 발표 순서를 정리합니다.

발표 주제
지속 가능한 패션 산업의 미래

목표	지속 가능한 패션의 중요성을 강조하고, 업계의 변화를 촉구하는 것
서론	지속 가능하지 않은 패션 사업의 현 상태와 오늘날의 환경오염 문제
본론	지속 가능한 패션 브랜드의 미래 콘셉트, 친환경적인 소재와 생산 과정
결론	깨끗한 자연과 미래 환경을 통한 지속 가능한 패션의 긍정적인 영향

02 앞서 정리한 내용을 바탕에 두고 발표 자료의 흐름에서 어떤 이미지가 필요한지 내용을 작성합니다.

서론	지속 가능하지 않은 패션 사업의 현 상태와 오늘날의 환경오염 문제를 극단적으로 보여주는 이미지, 환경 오염 모습, 공장 폐기물, 다양한 의류 쓰레기
본론	지속 가능한 패션 브랜드의 미래 콘셉트, 친환경적인 소재와 미래의 지속가능한 의류 생산 과정을 나타내는 사진, 연구실 이미지
결론	깨끗한 자연과 미래 환경을 통한 지속 가능한 패션의 긍정적인 영향, 깨끗한 자연과 환경을 상징하는 이미지, 행복한 사람들의 모습

03 첫 번째 이미지 '환경 오염 모습, 공장 폐기물, 다양한 의류 쓰레기'와 연관된 프롬프트를 작성합니다. 작성한 프롬프트는 영어로 번역합니다.

> **프롬프트** A dark atmosphere of a future society due to environmental pollution, factory waste, various clothing waste, photo
>
> **(환경 오염으로 인해 어두운 분위기의 미래 사회 모습, 공장 폐기물, 다양한 의류 쓰레기, 사진)**

TIP 예제에서는 정사각형(1:1 비율)의 이미지를 생성할 것이므로 비율 프롬프트는 추가하지 않았습니다.

TIP 프롬프트는 딥엘 혹은 구글 번역을 사용해 번역합니다. 자세한 내용은 120쪽을 참고합니다.

04 디스코드를 실행하고 미드저니 서버 [newbies-##] 채널에 접속합니다. ❶ 메시지 입력란에 **/imagine prompt**를 입력하고 **03** 단계에서 번역한 프롬프트를 입력합니다. ❷ Enter 를 누릅니다.

05 ❶ 네 개의 이미지가 생성됩니다. ❷ 네 개의 이미지 중 세 번째 이미지가 가장 마음에 들어 [U3]을 클릭해 업스케일을 진행합니다.

TIP 생성된 이미지를 클릭하면 결과물을 확대할 수 있습니다.

06 ❶ 세 번째 이미지가 업스케일되었습니다. 이미지 자체는 마음에 들지만 조금 더 멀리서 본 풍경을 만들고 싶습니다. ❷ [Zoom Out 1.5×]를 클릭합니다.

07 조금 더 멀리서 본 이미지 네 개가 생성되었습니다.

TIP Zoom out 기능 설명은 149쪽을 참고합니다.

08 가장 마음에 드는 첫 번째 이미지를 업스케일하겠습니다. [U1]을 클릭합니다.

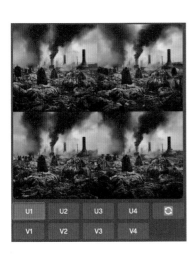

09 환경 오염과 의류 쓰레기에
대한 이야기가 담긴 이미지가 업
스케일되었습니다. 이미지를 저
장합니다.

TIP 이미지를 클릭하면 확대된 이미지가
나타납니다. 이미지를 마우스 오른쪽
버튼을 클릭한 후 [이미지 저장]을 클
릭합니다.

생성한 이미지로 발표 자료 만들기

01 생성된 이미지를 토대로 발표 자료를 만들어보겠습니다. ❶ 구글 슬라이드(https://
www.google.com/slides/about/)에 접속합니다. 구글 계정으로 로그인한 후 ❷ [Slides로
이동]을 클릭합니다.

TIP 구글 슬라이드 외에도 피그마(Figma), 파워포인트와 같은 프레젠테이션 도구를 사용하는 것도 가능합니다.

NOTE 구글 슬라이드를 사용하는 이유

구글 슬라이드를 활용해 발표 자료를 만드는 것은 접근성과 협업 측면에서 큰 장점이 있습니다. 인터넷만 연결되면 어떤 기기에서도 작업이 가능하며, 여러 사용자가 동시에 실시간으로 협업할 수 있는 기능을 제공합니다. 템플릿, 폰트, 색상 옵션을 바꿔서 매력적이고 전문적인 발표 자료를 손쉽게 만들 수 있으며, 결정적으로 무료로 사용할 수 있습니다. 또한 클라우드 기반이므로 모든 변경 사항이 자동으로 저장되고 필요 시 이전 버전으로 쉽게 돌아갈 수 있는 편리함은 덤입니다. 구글 계정만 있으면 누구나 사용할 수 있습니다.

02 구글 슬라이드 메인 메뉴가 나타납니다. ❶ 상단에 추천 템플릿이 위치하고, ❷ 하단에는 기존에 작업했던 프레젠테이션 파일이 나타납니다. 다른 템플릿 예시들을 보기 위해 상단 오른쪽에 있는 ❸ [템플릿 갤러리]를 클릭합니다.

03 템플릿 중 발표 자료 주제와 어울리는 템플릿을 찾아 클릭합니다.

TIP 꼭 예제와 동일한 템플릿일 필요는 없습니다. 발표 자료에 맞는 양식을 선택해 실습을 진행해도 좋습니다.

04 템플릿을 클릭하면 작업 화면이 나타납니다. 선택한 템플릿은 자유롭게 수정할 수 있습니다. 템플릿과 발표 자료에 필요한 슬라이드 수, 내용이 다르기 때문에 ❶ 슬라이드 개수와 ❷ 내용을 미리 수정하며 이미지가 얼마나 필요한지 확인합니다.

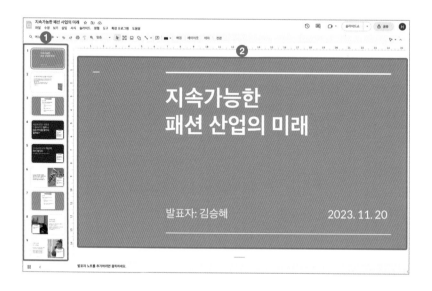

05 발표 자료에 들어갈 내용을 수정했다면 예시로 들어간 이미지도 변경해보겠습니다. ❶ 삽입된 예시 이미지를 마우스 오른쪽 버튼으로 클릭합니다. ❷ [이미지 바꾸기]-[컴퓨터에서 업로드]를 클릭합니다.

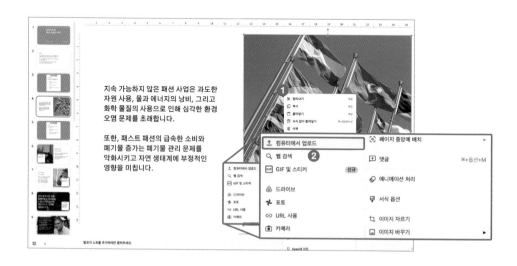

06 ❶ 앞서 저장한 이미지를 찾아 업로드합니다. ❷ 예시 이미지가 대체됩니다.

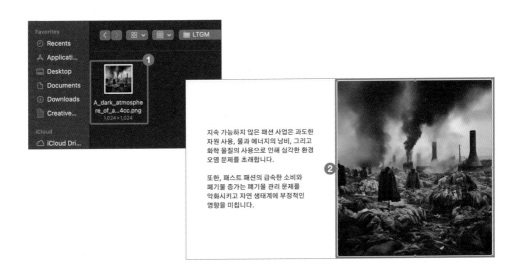

07 환경 오염의 어두움을 나타내는 이미지에 맞게 슬라이드의 전체적인 색도 변경하겠습니다. ❶ 상단 메뉴의 [배경 배경]을 클릭합니다. ❷ [배경] 대화상자가 나타납니다.

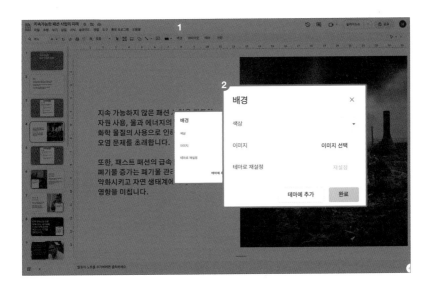

08 ❶ [색상]에서 [테마 색상: 검은색]을 클릭합니다. ❷ 슬라이드의 배경이 검은색으로 바뀌었습니다.

09 텍스트의 색상을 변경하겠습니다. ❶ 텍스트 개체를 클릭합니다. ❷ 상단 메뉴에서 A를 클릭하고 ❸ [흰색]을 클릭합니다. ❹ 텍스트 색상이 변경됩니다.

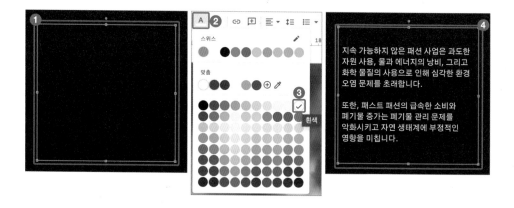

발표 자료 흐름에 맞는 이미지 추가 생성하기

01 발표 자료를 제작하며 추가로 필요한 이미지를 생성해보겠습니다. 우선 슬라이드 내용에 맞게 생성할 이미지에 대한 프롬프트를 한국어로 적어봅니다. 대체할 이미지의 비율이 있다면 비율에 대한 프롬프트도 추가합니다.

> 친환경적인 소재와 미래의 지속가능한 의류 생산 과정을 나타내는 사진, 연구실 분위기 이미지, 사진, --ar 16:9

02 구글 번역 혹은 딥엘을 활용해 한글로 작성한 프롬프트를 영어로 번역합니다.

> **프롬프트** Photos showing eco-friendly materials and future sustainable clothing production processes, laboratory atmosphere images, photos, --ar 16:9

03 디스코드를 실행하고 미드저니 서버 [newbies-##] 채널로 입장합니다. **❶** 메시지 입력란에 **/imagine prompt[]**를 입력하고 **02** 단계에서 영어로 번역한 프롬프트를 추가합니다. **❷** Enter 를 누릅니다.

04 **❶** 프롬프트에 맞게 이미지가 생성됩니다. **❷** 이미지를 클릭하면 확대해 확인할 수 있습니다.

05 세 번째 이미지가 '의류', '환경 지속 가능성', '연구'라는 키워드에 어울리는 것 같아 업스케일을 진행하겠습니다. [U3]을 클릭합니다.

06 세 번째 이미지가 업스케일되었습니다. 해당 이미지를 저장합니다.

07 구글 슬라이드로 돌아옵니다. 기존에 삽입된 예시 이미지를 다른 이미지로 바꾸겠습니다. ❶ 기존 이미지를 마우스 오른쪽 버튼으로 클릭하고 [이미지 바꾸기]-[컴퓨터에서 업로드]를 클릭합니다. ❷ 저장한 이미지를 선택합니다.

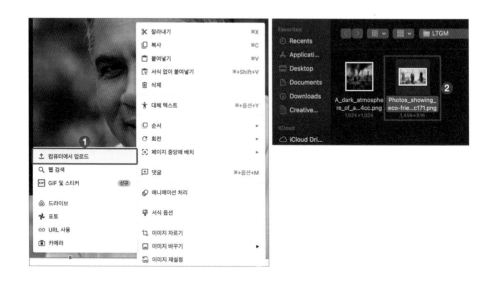

08 기존 이미지가 대체되었습니다. 하지만 텍스트 개체가 이미지와 겹쳐 이미지에도, 텍스트에도 어울리지 않는 것 같습니다. 이미지를 오른쪽 공간에만 배치해보겠습니다.

09 발표 자료의 가독성을 위해
16:9 비율로 생성한 이미지를 정
사각형인 1:1 비율로 수정하겠
습니다. 미드저니 채널에 접속한
후 생성된 이미지 하단에 있는
[Make Square]를 클릭합니다.

> **NOTE** Make Square 기능 알아보기

Make Square 기능을 활용하면 정사각형이 아닌 이미지의 비율을 조절해 정사각형의 이
미지로 만들 수 있습니다. 이때 원본 이미지의 가로가 긴 경우(16:9, 4:3 등) 세로 비율을
확대해 이미지를 채워 넣고, 세로가 긴 경우(9:16, 3:4 등) 가로 비율을 확대해 이미지를
채워 넣습니다. 이미지 확장 방향은 [Make Square] 옆에 나타나는 아이콘을 통해 확
인할 수 있습니다. [Make Square]는 이미지를 한 번 업스케일한 후 나타납니다. 이미지를
채워 넣을 때 원본 이미지는 유지한 상태에서 확장된 빈 공간에 이미지를 새로 생성하는 작
업이므로 Zoom out 기능과 작동 원리는 유사합니다.

10 기존 16:9 비율의 이미지가 1:1 비율로 생성됩니다. 가장 마음에 드는 첫 번째 이미지를 업스케일하기 위해 [U1]을 클릭합니다. 업스케일된 이미지를 저장합니다.

11 다시 구글 슬라이드로 돌아옵니다. 기존에 배경에 있었던 이미지를 삭제합니다.

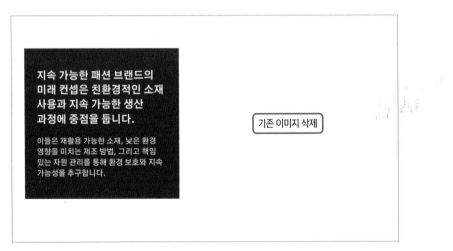

TIP 이미지를 삭제하려면 이미지 개체를 클릭한 후 Delete 를 누릅니다.

12 생성한 이미지를 발표 자료에 추가합니다.

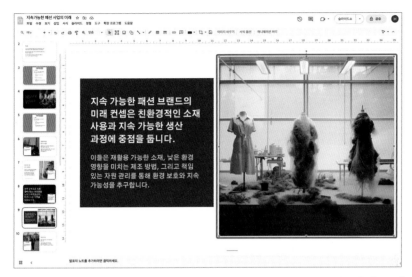

TIP 이미지는 폴더에서 슬라이드로 드래그해 바로 삽입할 수 있으며, 상단 메뉴의 [삽입]−[이미지]−[컴퓨터에서 업로드]를 클릭해 삽입할 수도 있습니다.

13 ❶ 슬라이드에 삽입된 텍스트 개체의 글자색, 배경색도 분위기에 맞게 변경합니다. 이미지의 일부분을 자르고 싶다면 ❷ 이미지가 선택된 상태에서 상단 메뉴의 🔲를 클릭한 후 ❸ 이미지 테두리 경계를 조절합니다.

14 생성된 이미지의 밝기나 대비 정도는 구글 슬라이드에서 일부 조절할 수 있습니다. 이미지가 선택된 상태에서 상단 메뉴의 [서식 옵션]을 클릭합니다.

15 작업 화면 오른쪽에 [서식 옵션] 패널이 나타납니다. ❶[조정]을 클릭하고 ❷[불투명도], [밝기], [대비] 값을 슬라이드 분위기에 맞게 조정합니다.

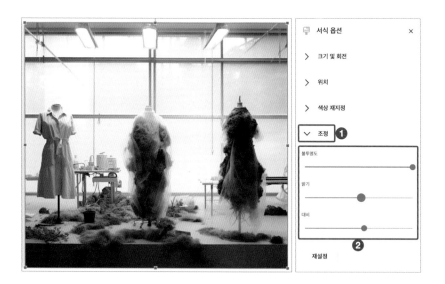

지금까지 이미지 생성 AI를 활용해 발표 자료에 들어갈 이미지를 제작해보았습니다. 이미지 스톡 사이트에서 찾는 것과 다르게 원하는 분위기와 내용에 맞는 이미지를 직접 제작하는 것은 분명 새로운 경험이 될 것입니다.

이러한 맞춤형 이미지 생성은 시간과 비용을 절약하는 것은 물론, 특정 주제나 아이디어를 시각적으로 명확하게 전달하는 데 탁월합니다. 복잡한 개념이나 데이터를 쉽게 이해할 수 있는 형태로 표현하는 데도 유용합니다. AI를 활용해 만든 이미지는 시각적으로 강렬해 발표 내용을 더욱 효과적으로 전달하는 데 큰 도움이 될 것입니다.

CHAPTER 03

디자인 실무에
이미지 생성 AI로
아이디어 얻기

개성 넘치는
스포츠팀 로고 이미지 만들기

이미지 생성 AI로 로고 디자인 아이디어 얻기

로고(Logo)란 브랜드가 담은 가치나 이야기를 함축적으로 전달하는 시각 디자인입니다. 회사, 특정 브랜드는 물론 스포츠팀, 동아리와 같이 공동체를 대표하는 곳의 첫인상을 결정짓기 때문에 정체성을 표현하는 중요한 요소입니다.

하지만 최소한의 디자인으로 정체성을 함축적으로 전달해야 하는 로고 디자인은 굉장히 막막하고, 자칫 복잡한 형태의 디자인으로 이어질 수 있습니다. 이때 이미지 생성 AI를 활용하면 로고 디자인을 위한 아이디어를 쉽고 빠르게 얻을 수 있습니다.

스포츠팀 로고, 음식점 로고, 기업 로고, 비영리 단체 로고 등 목적에 따라 다른 분위기를 프롬프트에 구체적으로 명시하는 것이 중요합니다. 이번 LESSON에서는 미드저니를 활용해 다양한 분위기의 스포츠팀 로고를 만들어보겠습니다. 이번 LESSON을 통해 디자이너의 입장에서 개성 넘치는 로고 이미지를 만들기 위한 아이디어를 얻는 방법도 함께 알아보겠습니다.

이미지 생성 AI로 스포츠팀 로고 만들기

스포츠팀의 로고는 스포츠의 역동성과 강인함을, 혹은 팀 컬러를 드러내는 데 초점을 맞추고 있습니다. 로고에는 종목의 성격을 드러내는 사물(야구의 경우 방망이, 모자, 공 등)이 배치되기도 하며, 팀을 대표하는 동물 마스코트가 특정 포즈를 취하고 있는 경우도 많습니다.

마스코트가 들어간 로고의 경우 팀 컬러에 맞는 유니폼을 입고 있는 경우도 많습니다. 이러한 요소를 반영한 로고를 디자인하기 위해서는 프롬프트에 원하는 의도에 대한 묘사를 자세하고 명확히 설정하는 것이 중요합니다.

▲ 메이저 리그의 다양한 야구 구단 로고

스포츠팀을 상징하는 마스코트, 동물이 정해져 있지 않은 경우 광범위한 '동물' 프롬프트를 입력해도 좋습니다. 이런 경우 다양한 동물의 종류가 생성됩니다. 하지만 원하는 동물이 있다면 해당 동물의 종류를 명시해주는 것이 바람직합니다. 예를 들어 고양이를 마스코트로 하는 스포츠팀 로고를 제작하려면 '고양이 스포츠 마스코트'라는 프롬프트를 입력합니다. 이어서 해당 종목에 대한 언급을 추가하면 원하는 결과물에 가까운 이미지를 얻을 수 있습니다.

01 '고양이 스포츠 마스코트 로고'를 영어로 번역합니다. ❶ 미드저니에 접속하고 메시지 입력란에 번역한 프롬프트를 입력한 후 ❷ Enter 를 누릅니다.

프롬프트	a sports mascot logo of a cat

(고양이 스포츠 마스코트 로고)

TIP 프롬프트를 입력하려면 /imagine prompt[]를 먼저 입력합니다.

02 고양이 로고가 생성되었습니다. 스포츠라는 넓은 카테고리를 입력했기 때문에 특정 스포츠 종목의 로고보다는 스포츠팀 분위기의 로고 이미지가 생성되었습니다.

03 스포츠 종목을 야구로 특정하기 위해 '스포츠(sports)' 부분을 '야구(**baseball**)'로 변경해 프롬프트를 수정합니다.

> 프롬프트   a baseball mascot logo of a cat
>
> (고양이 야구 마스코트 로고)

prompt The prompt to imagine

/imagine   prompt   a baseball mascot   logo of a cat

04 이전 결과물과 달리 야구 방망이, 야구 유니폼, 모자 등 특정 종목을 상징하는 결과물이 추가되었습니다. 이처럼 구체적인 종목을 입력하면 해당 종목이 두드러지는 결과물이 생성됩니다.

05 앞서 생성된 이미지는 조금 복잡해 로고보다 마스코트 디자인 느낌이 강합니다. 조금 더 간결하게 수정해보겠습니다. 미니멀한 스타일을 위해 추가 프롬프트를 입력합니다. **2D, Crisp lines**(간결한 선), **Simple** 등의 내용을 추가합니다.

> 프롬프트   a baseball mascot logo of a cat, 2D, Crisp lines, Simple
>
> (고양이 야구 마스코트 로고, 2D, 간결한 선, 단순한)

/imagine   prompt   a baseball mascot logo of a cat, 2D, Crisp lines, Simple

06 이전 결과물에 비해 조금 더 간결해진 결과물이 생성됩니다.

07 특정 스포츠 구단, 리그의 스타일을 반영하려면 직접적으로 구단, 리그 이름을 추가하는 것도 한 방법입니다. 메이저 리그(Major League Baseball)의 로고 분위기를 반영하고 싶다면 **MLB style**이라는 내용을 추가합니다.

> 프롬프트   a baseball mascot logo of a cat, 2D, Crisp lines, Simple, MLB style
> (고양이 야구 마스코트 로고, 2D, 간결한 선, 단순한, MLB 스타일)

🕐 /imagine   prompt   a baseball mascot logo of a cat, 2D, Crisp lines, Simple, MLB style   ☹

08 메이저 리그 특유의 빨간색, 파란색, 하얀색 배색 분위기가 반영된 로고가 생성됩니다.

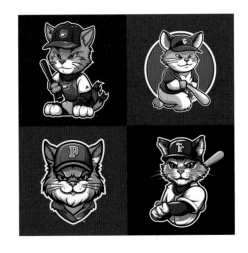

09 구단, 리그 스타일 외에도 다른 스타일을 적용할 수 있습니다. 픽셀 아트 느낌의 로고를 원한다면 **pixel art**를, 협업 도구인 노션(Notion)에 쓰는 프로필 이미지 느낌의 미니멀한 느낌을 원한다면 **notion minimalist characters**를 입력합니다.

> 프롬프트 a baseball mascot logo of a cat, 2d, crisp lines, simple, pixel art

> 프롬프트 a baseball mascot logo of a cat, 2d, crisp lines, simple, notion minimalist characters

10 **08** 단계에서 생성된 로고 중 네 번째 디자인으로 추가 작업을 해보겠습니다. 업스케일을 위해 [U4]를 클릭합니다.

11 업스케일된 이미지가 나타납니다. 생성된 이미지의 변형도 확인해보겠습니다. [Make Variations]를 클릭합니다. 유사하지만 약간의 차이가 있는 네 개의 이미지가 추가로 생성됩니다.

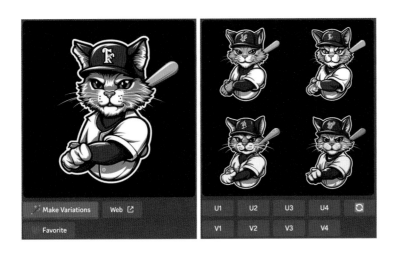

12 확대된 이미지를 보며 가장 마음에 드는 이미지를 선택합니다. 세 번째 이미지가 마음에 든다고 가정하고 [U3]을 클릭합니다.

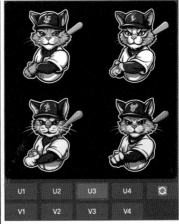

13 생성된 이미지를 저장합니다.

　지금까지 야구팀에 사용할 고양이 로고를 디자인해보았습니다. 생성된 로고의 컬러는 전체적으로 남색이었지만 여기에 다른 색감이 반영된 로고를 만들 수도 있습니다. 생성한 이미지를 바탕에 두고 다른 색감으로 변경해보겠습니다.

생성된 이미지의 전체적인 색감 변경해보기

01 이전에 생성한 이미지를 업로드합니다. ❶ ➕을 클릭하고 ❷ [파일 업로드]를 클릭합니다.

02 ❶ 저장한 이미지를 선택해 업로드합니다. 메시지 입력란에 선택한 이미지가 업로드됩니다. ❷ [Enter]를 누릅니다.

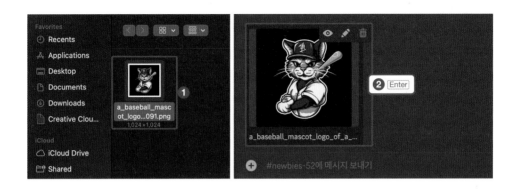

03 이미지가 업로드됩니다. ❶ 이미지를 클릭합니다. ❷ 확대된 이미지가 나타나면 마우스 오른쪽 버튼을 클릭하고 [링크 복사하기]를 클릭합니다.

04 메시지 입력란에 **/imagine prompt[]**를 입력하고 복사한 링크를 붙여 넣습니다.

05 ❶ 붙여 넣은 링크 옆에 기존 프롬프트를 입력한 후 **yellow**를 추가로 입력합니다. 프롬프트를 입력한 후 ❷ Enter 를 누릅니다.

> **프롬프트** **(링크)** a baseball mascot logo of a cat, 2d, crisp lines, yellow

06 ❶ 붙여 넣은 이미지의 링크가 단축 생성되고 이미지 생성이 완료됩니다. 이미지를 클릭해 확인합니다. 원본 이미지에서 노란색이 추가된 디자인이 생성되었습니다.

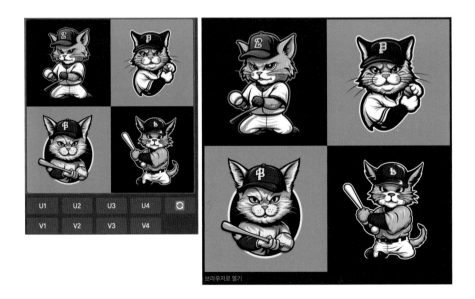

07 이번에는 다른 색으로 변형해보겠습니다. ❶ 이미지 링크를 포함해 앞서 사용한 프롬프트를 드래그한 후 ❷ 마우스 오른쪽 버튼을 클릭합니다. [복사]를 클릭합니다.

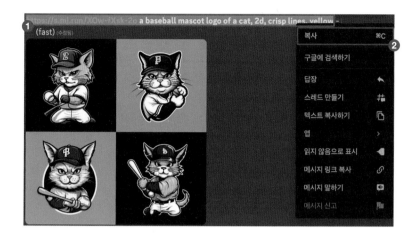

08 이미지 입력란에 **/imagine prompt[]**를 입력하고 복사한 프롬프트를 붙여 넣습니다.

09 기존 프롬프트에서 ❶ yellow 대신 **black and white**를 입력합니다. ❷ 프롬프트를 입력한 후 Enter를 누릅니다.

> 프롬프트　(링크) a baseball mascot logo of a cat, 2d, crisp lines, black and white

10 흑백 톤의 로고가 생성되었습니다. 이미지를 클릭해 확인합니다.

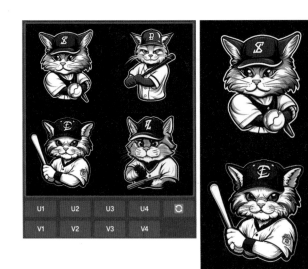

11 **red and green**으로 변경해 빨간색과 초록색으로 변형할 수도 있습니다.

프롬프트 (링크) a baseball mascot logo of a cat, 2d, crisp lines, red and green

지금까지 동물 마스코트가 들어간 야구팀 로고의 스타일, 색을 변경해보며 여러 이미지를 생성했습니다. 이렇게 이미지 생성 AI는 로고 디자인에도 유용하게 사용할 수 있습니다. 기존에 수작업으로 여러 개의 샘플을 만들어가며 디자인하는 방식에서 벗어나 직관적이고 창의적인 방식으로 로고 디자인 프로세스를 빠르게 진행할 수 있을 것입니다.

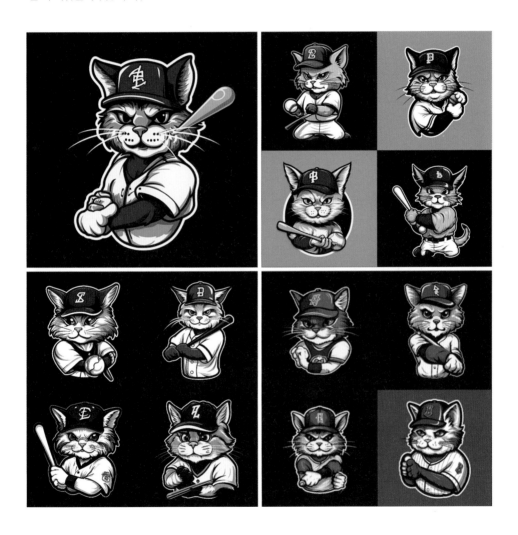

행사 홍보용 포스터 디자인 만들기

홍보용 포스터 제작하기

포스터는 이벤트, 광고 목적으로 디자인하여 벽에 부착하기 위한 출력물입니다. 대표적인 포스터 디자인은 문자 요소와 그래픽 요소가 포함된 공연 홍보 포스터, 영화 홍보 포스터 등을 떠올릴 수 있습니다. 그 외에도 캠페인, 특정 교육 안내, 정치/정책 홍보 목적 등 다양한 형태가 있습니다.

잘 만든 포스터는 사람들의 시선을 사로잡고 전하려는 메시지를 한 장의 이미지를 통해 함축적으로 전달할 수 있습니다. 많은 그래픽 편집 디자이너는 멋진 일러스트레이션, 타이포그래피 디자인으로 시각적으로도, 홍보 목적으로도 훌륭한 포스터를 만듭니다.

이번 LESSON에서는 앞서 언급한 텍스트 요소와 그래픽 요소 중 그래픽 요소에 해당하는 포스터 일러스트를 만들어보겠습니다. 텍스트의 경우 이미지 생성 AI 결과물을 그대로 출력하는 것은 어렵기 때문에 그래픽 요소를 제작한 후, 포토샵, 캔바 등 외부 그래픽 편집 도구를 활용해 추가하는 방식을 추천합니다.

▲ 뉴포트 재즈 페스티벌 포스터6

재즈 페스티벌 포스터를 만든다고 가정해보겠습니다. 기본적으로 재즈 페스티벌의 활기찬 분위기와 축제의 역동적인 특징을 함께 담고, 원색을 활용해 눈에 잘 띄도록 하며 볼드한 디자인을 통해 깔끔하고 뚜렷한 메시지를 전달해보겠습니다.

6 (왼쪽) Schlitz Salutes 25th Newport Jazz Festival 1978, Newport Festivals Foundation, Inc., LeRoy Neiman作 출처 : https://www.leroyneiman.com/ (오른쪽) Newport Jazz Festival 2017, Newport Festivals Foundation, Inc., Nate Duval作 출처 : https://nateduval.com/

일러스트 스타일의 음악 공연 포스터

01 재즈 페스티벌 포스터를 생성할 수 있는 프롬프트를 작성합니다. 미드저니에 접속합니다. ❶ 메시지 입력란에 프롬프트를 입력한 후 ❷ Enter 를 누릅니다.

> 프롬프트 Jazz festival poster, graphic design, minimal, 90's inspired
>
> (재즈 페스티벌 포스터, 그래픽 디자인, 미니멀, 90년대 스타일)

02 다양한 비율과 색감을 가진 포스터 이미지가 생성되었습니다.

03 포스터의 특성상 세로로 길게 출력해 전시될 가능성이 큽니다. 따라서 이미지를 생성할 때 비율에 대한 프롬프트를 추가합니다. 프롬프트를 수정해 입력한 후 Enter 를 누릅니다.

> 프롬프트   Jazz festival poster, graphic design, minimal, 90's inspired, --ar 2:3

> 🕐 /imagine | prompt | Jazz festival poster, graphic design, minimal, 90's inspired, --ar 2:3

04 가로에 비해 세로가 긴 포스터 형태의 이미지가 생성되었습니다.

05 평면적인 디자인 외에도 입체적인 느낌을 추가하고 싶다면 ❶ **3D Stage illustration**(3 차원 일러스트레이션)을 프롬프트에 추가합니다. ❷ Enter 를 누릅니다.

> 프롬프트   Jazz festival poster, graphic design, minimal, 90's inspired, 3D Stage illustration, --ar 2:3

06 전체적으로 입체감이 추가된 이미지가 생성되었습니다.

07 구체적으로 원하는 스타일이 있는 경우 프롬프트에 추가해 입력합니다. 예제에서는 사이키델릭한 Y2K 감성, 콜라주 느낌의 포스터를 만들고 싶다고 가정해보겠습니다. 재즈 페스티벌 포스터에 대한 내용과 사이키델릭, 콜라주 및 아상블라주 느낌이라는 구체적인 키워드, Y2K 미학을 프롬프트에 추가합니다. ❶ 프롬프트를 입력한 후 ❷ Enter 를 누릅니다.

프롬프트 Jazz festival poster, in the style of futuristic psychedelia, collage-like assemblages, y2k aesthetic, --ar 2:3

08 입력한 프롬프트 스타일의 결과물이 생성되었습니다.

09 두 번째 이미지가 마음에 든다고 가정하고 [U2]를 클릭합니다 업스케일된 이미지가 생성됩니다.

아티스트 이미지 추가하기

특정 가수의 콘서트 포스터를 제작하기 위해 아티스트의 이미지[7]를 추가해보도록 하겠습니다. 원하는 사진으로 과정을 따라해봅니다.

01 원하는 아티스트의 사진을 준비합니다.

7　BILLIE HOLIDAY. PHOTO UBÉ BOTIJO / FLICKR. 출처 : https://detroitisit.com/billie-holiday-and-her-many-detroit-performances/

02 아티스트의 사진을 업로드합니다. 업로드한 사진을 클릭합니다.

TIP 디스코드에 사진을 업로드하는 방법은 115쪽을 참고합니다.

03 확대된 이미지에서 마우스 오른쪽 버튼을 클릭하고 [링크 복사하기]를 클릭합니다.

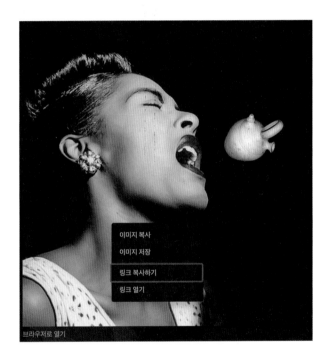

04 메시지 입력란에 **/imagine prompt[]**를 입력합니다. 복사한 링크를 붙여 넣습니다.

05 붙여 넣은 링크 뒤에 이미지에 대한 프롬프트를 입력합니다. ❶ 프롬프트 내용은 앞서 생성한 이미지 프롬프트 그대로 사용합니다. ❷ Enter 를 누릅니다.

> 프롬프트 (링크) Jazz festival poster, in the style of futuristic psychedelia, collage-like assemblages, y2k aesthetic, --ar 2:3

06 이미지 생성이 완료됩니다. 네 번째 이미지가 마음에 든다고 가정하고 [U4]를 클릭합니다. 네 번째 이미지가 업스케일됩니다. 해당 이미지를 저장합니다.

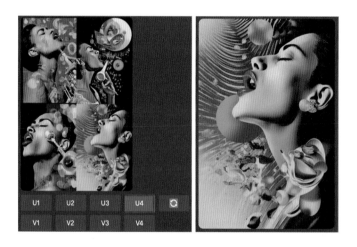

07 기존 스타일을 레트로한 느낌으로 바꿀 수도 있습니다. 기존 프롬프트의 스타일 부분을 삭제하고 **retro**를 입력합니다.

> 프롬프트 (링크) Jazz festival poster, retro, --ar 2:3

08 레트로 스타일이 반영된 포스터 이미지가 생성됩니다.

생성한 이미지로 포스터 제작하기

01 앞 예제에서 생성한 이미지를 활용해 포스터를 제
작해보겠습니다. 포스터에 필요한 텍스트 요소 등을 추
가할 예정입니다.

02 캔바 사이트(https://www.canva.com/)에 접속합니다. 왼쪽 영역에서 [템플릿]을 클릭합니다.

TIP 캔바의 자세한 활용 방법과 회원 가입 방법은 152쪽을 참고합니다.

03 여러 양식 중 ❶[포스터(세로)]를 클릭합니다. ❷무료 포스터 템플릿 중 사용하고 싶은 템플릿을 찾아 선택합니다.

04 템플릿 양식이 마음에 든다면 [이 템플릿 맞춤 편집]을 클릭합니다.

05 ❶ 템플릿 포스터를 수정할 수 있는 캔버스가 나타납니다. ❷ 사진 영역에 생성한 이미지를 삽입하고 크기를 조절하여 배치합니다.

TIP 생성한 이미지를 저장한 후 캔바에 업로드해 삽입할 수 있습니다. 자세한 내용은 158쪽을 참고합니다.

06 ❶ 텍스트를 수정하고 재배치합니다. ❷ 배경색을 바꾸거나 이미지 자체의 투명도를 조절해 배경색과 조화롭게 수정할 수도 있습니다.

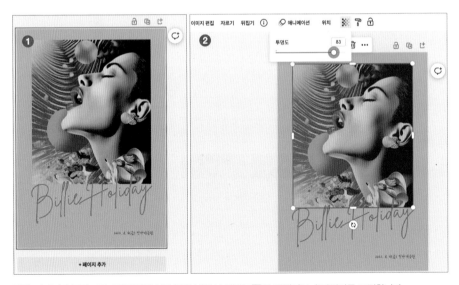

TIP 이미지의 투명도를 조절하려면 상단 작업 바에서 투명도▦를 클릭하고 슬라이더를 조절합니다.

07 완성된 포스터를 저장해 온라인 홍보 콘텐츠나 벽에 붙이는 인쇄물로 활용할 수 있습니다.

 지금까지 AI를 활용해 재즈 페스티벌 포스터와 특정 가수의 공연 포스터를 디자인해보았습니다. AI를 효과적으로 활용한다면 시각화하기 어려운 음악 장르의 이미지를 생성할 수 있고, 실제 가수의 사진을 감각적으로 재해석한 이미지를 생성할 수도 있습니다. 직접 만들기 어려웠던 추상적이고 기하학적인 시각 디자인을 직접 하지 않고도 빠르게 생성해 활용할 수 있습니다. 디자이너라면 주제에 맞는 분위기의 포스터를 여러 개 생성해 원하는 작업 방향의 방향성으로 좁혀가는 데에도 도움을 얻을 수 있습니다.

게임, 페르소나 콘셉트 아트 만들기

디자인 작업에 필요한 페르소나 만들기

페르소나(Persona)는 제품이나 서비스를 사용할 수 있는 목표 집단에서 나타나는 사용자 유형들을 대표하는 '가상의 인물'을 의미합니다. 그 밖에도 게임 콘텐츠에서는 캐릭터마다 대표 캐릭터인 페르소나가 있으며, 이는 창작자가 해당 캐릭터를 더욱 몰입해 다룰 수 있도록 정리하는 역할을 합니다. 현재 많은 기업에서 중점 고객층에 대한 페르소나를 만들어 사용하고 있습니다. 여기에는 이름, 직업, 성격, 취미는 물론 외모도 포함됩니다. 이번 LESSON에서는 게임 및 비주얼 디자이너가 필요로 하는 캐릭터 페르소나 디자인을 생성해보겠습니다.

캐릭터 페르소나 콘셉트 아트 만들기

01 나비 날개를 가진 용맹한 종족의 전사 여왕을 상상해보겠습니다. 캐릭터 페르소나에 대해 묘사해봅니다. 어떤 포즈인지, 어떤 의상을 입었는지, 스타일에 대한 구체적인 묘사를 한글로 적은 후 영어로 번역합니다. 작성한 프롬프트는 복사합니다.

> 활을 든 전사 나비 여왕의 캐릭터 아트, 그녀는 화려한 어깨 패드와 마스크를 착용하고 있다, 멋진 실루엣, 애니메이션에서 영감을 받은 캐릭터, 판타지 캐릭터, 상세하고 사실적인 인물

프롬프트 Character art of a warrior butterfly queen with a bow, she is wearing colorful shoulder pads and mask, great silhouette, anime inspired character, fantasy character, detailed and realistic figure

TIP 프롬프트 번역은 구글 번역이나 딥엘을 활용합니다. 자세한 내용은 120쪽을 참고합니다.

02 미드저니에 접속한 후 ❶ 메시지 입력란에 **/imagine prompt[]**를 입력합니다. 번역한 프롬프트를 붙여 넣고 ❷ Enter 를 누릅니다.

프롬프트　Character art of a warrior butterfly queen with a bow, she is wearing colorful shoulder pads and mask, great silhouette, anime inspired character, fantasy character, detailed and realistic figure

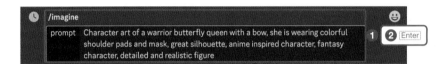

03 이미지 생성이 완료됩니다. 활을 든 네 개의 나비 전사 여왕의 캐릭터 페르소나 아트를 확인할 수 있습니다.

04 결과물이 마음에 들지만 비교적 상반신에 초점이 맞춰져 있어 전신을 생성할 수 있도록 프롬프트를 수정합니다. 또한 세로로 긴 비율로 생성하기 위해 비율 프롬프트도 마지막에 추가합니다.

> 프롬프트 Character art of a warrior butterfly queen standing with a bow, full body proportions, she is wearing colorful shoulder pads and mask, nice silhouette, anime inspired character, fantasy character, detailed and realistic figure, --ar 9:16
> (활을 들고 서 있는 전사 나비 여왕의 캐릭터 아트, 전신 비율, 그녀는 화려한 어깨 패드와 마스크를 착용하고 있다, 멋진 실루엣, 애니메이션에서 영감을 받은 캐릭터, 판타지 캐릭터, 상세하고 사실적인 인물, --ar 9:16)

05 ❶ 메시지 입력란에 **/imagine prompt[]**를 입력하고 수정한 프롬프트를 입력합니다. ❷ Enter 를 누릅니다.

06 이미지 생성이 완료됩니다. 활을 든 전사 나비 여왕의 전신 모습이 반영된 캐릭터 페르소나 아트가 완성되었습니다.

유명 콘텐츠의 스타일 반영하기

캐릭터 페르소나 아트를 생성하는 과정에서 유명 콘텐츠(게임, 영상)의 '제목 +style' 형태로 프롬프트를 명시하면, 구체적인 스타일을 캐릭터 페르소나 생성에 반영할 수 있습니다. 대표적인 예시로 귀여운 애니메이션 파워퍼프걸 스타일, 게임 파이널 판타지, 심슨 가족의 스타일을 제작해보도록 하겠습니다.

01 '파워퍼프걸' 스타일을 반영하기 위해 캐릭터에 대한 소개 뒤에 '귀여운 파워퍼프걸 스타일'이라는 프롬프트를 추가합니다. ❶ **/imagine prompt[]** 안에 프롬프트를 입력합니다. ❷ Enter 를 누릅니다.

> 프롬프트 Character art of a warrior butterfly queen standing with a bow, full body proportions, cute Powerpuff Girls style --ar 9:16
>
> (활을 들고 서 있는 전사 나비 여왕의 캐릭터 아트, 전신 비율, 귀여운 파워퍼프걸 스타일 --ar 9:16)

02 이미지 생성이 완료되었습니다. 데포르메된 신체 비율과 전체적으로 귀엽고 어린이 애니메이션 캐릭터와 같은 분위기의 결과물이 생성되었습니다.

03 이번에는 일본 판타지 RPG 게임인 '파이널 판타지' 스타일을 반영하기 위해 캐릭터에 대한 소개 뒤에 '파이널 판타지 스타일'에 해당하는 프롬프트를 추가합니다.

> 프롬프트 Character art of a warrior butterfly queen standing with a bow, full body proportions, Final Fantasy style --ar 9:16
>
> (활을 들고 서 있는 전사 나비 여왕의 캐릭터 아트, 전신 비율, 파이널 판타지 스타일 --ar 9:16)

04 이전에 생성한 '귀여운 파워퍼프걸' 스타일에 비해 일본 RPG 게임의 콘셉트 아트에 어울리는 사실적인 분위기의 결과물이 생성되었습니다.

05 이번에는 애니메이션 '심슨 가족' 스타일을 반영하기 위해 캐릭터에 대한 소개 뒤에 '심슨 가족 스타일'에 해당하는 프롬프트를 추가합니다.

> 프롬프트 Character art of a warrior butterfly queen standing with a bow, full body proportions, The Simpsons style --ar 9:16
>
> (활을 들고 서 있는 전사 나비 여왕의 캐릭터 아트, 전신 비율, 심슨 가족 스타일 --ar 9:16)

06 전체적인 캐릭터 콘셉트는 유사하지만 실제 심슨 가족
애니메이션에 등장해도 어색할 것 같지 않은 캐릭터가 생성
되었습니다.

07 마음에 드는 이미지를 선택해 업스케일 작업을 진행합니다. 첫 번째 이미지가 가장 심슨
가족 스타일과 잘 어울리므로 [U1]을 클릭합니다.

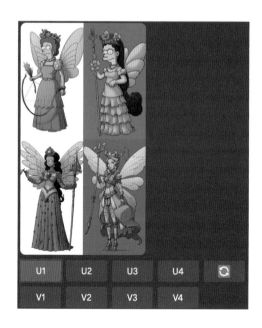

08 첫 번째 이미지가 업스케일되었습니다. 이미지를 클릭해 최종 결과물을 확인합니다.

사용자 페르소나 인물 예시 사진 만들기

사용자 페르소나(User Persona)는 출시를 목표로 하는 서비스, 제품의 대상 고객을 나타내는 인물입니다. 인터뷰, 설문 조사 등 사용자 연구를 통해 얻은 데이터와 사실을 기반으로 만드는 일종의 가상 인물입니다. 이를 통해 디자이너는 타깃이 되는 현실적인 캐릭터를 정의하며, 넓은 범위의 타깃 사용자를 개인화하고 시각화할 때 큰 도움이 됩니다.

페르소나 설정을 통해 디자이너는 고객의 한계, 어려움, 성공 및 목표를 파악하고 고객의 요구에 최적화된 맞춤형 사용자 경험(UX)을 구축합니다. 일반적으로 사용자 페르소나 디자인에는 사용자의 제품과 관련된 인물 사진, 인용문, 그리고 행동 패턴과 같은 세부 정보를 포함합니다.

▲ 디자이너의 의도를 완전히 반영하지 못한 페르소나 인물 사진

인물 사진의 초상권 및 사진 저작권 이슈로 몇몇 기업에서는 애플 미모지(Apple Memoji)와 같은 아바타 캐릭터를 이용하기도 합니다. 정확히 원하는 느낌의 인물 사진을 검색해 찾는 것이 어려울 때는 인포그래픽으로 대체하거나, 의도와 다른 연예인, 외국인 사진을 넣는 경우도 있습니다. 이때 이미지 생성 AI를 활용하면 페르소나 인물 사진을 보다 정확하게 원하는 의도가 드러나도록 만들 수 있습니다.

이번에는 실사 스타일의 인물 사진을 제작해 페르소나 보드에 삽입해보겠습니다.

01 우선 서비스의 목적과 타깃으로 하는 페르소나를 설정합니다.

서비스	MZ세대를 위한 음악 스트리밍 서비스
이름	이진(Ijin)
성별	남
나이	21세
직업	대학생
거주지	서울, 도심형 아파트
최근 관심사	K-pop, EDM, 댄스 음악
이용 장소	지하철, 버스, 회사, 운동장
이용 시간	주로 등하교 시간 및 운동 시간
이용 기기	스마트폰(안드로이드, 아이폰)
성격	활발하고 적극적인 성격
서비스 이용 목적	음악 스트리밍 및 추천 기능을 통해 새로운 음악 발견, 다양한 장르와 아티스트에 대한 정보 수집
특징	지속인 소셜 미디어 사용, 스트리밍을 통해 음악 라이브러리를 넓히고, 다른 사용자들과의 음악 추천 공유를 즐김, 프리미엄 기능을 이용하여 광고 없는 음악 청취 및 오프라인 재생 기능 사용

02 해당 인물에 대한 외양적 묘사를 간추리고 원하는 스타일을 추가해 영어로 번역합니다. 미드저니 ❶ 메시지 입력란에 **/imagine prompt[]**를 입력하고 번역한 프롬프트를 붙여 넣습니다. ❷ Enter 를 누르면 이미지 생성이 시작됩니다.

> 프롬프트 21-year-old Korean male student living in Seoul, lively and positive personality, profile picture, photorealism
> (서울에 사는 21살 한국인 남학생, 활발하고 적극적인 성격, 프로필 사진, 포토리얼리즘)

03 이미지 생성이 완료되었습니다. 마음에 드는 이미지를 선택하고 베리에이션을 진행합니다. 네 번째 이미지를 베리에이션해보겠습니다. [V4]를 클릭합니다.

04 네 번째의 이미지의 베리에이션 생성이 완료되었습니다. 이미지를 클릭하면 확대된 이미지를 확인할 수 있습니다. 자세히 살펴보며 어떤 이미지가 가장 마음에 드는지 결정합니다.

05 두 번째 이미지가 가장 마음에 든다고 가정하고 업스케일하기 위해 [U2]를 클릭합니다.

06 두 번째 이미지가 업스케일됩니다. 이미지는 저장합니다.

07 생성된 이미지를 페르소나 보드 디자인에 간단히 삽입해보겠습니다. ❶ 피그잼 사이트 (https://www.figma.com/figjam/)에 접속합니다. ❷ 로그인 후 [Try FigJam for free]를 클릭합니다. 화이트보드가 나타나면 ❸ [See more templates]를 클릭합니다.

TIP 이번 예제에서는 온라인 협업 도구이자 디자인 템플릿을 제공하는 피그잼 서비스를 사용하지만 여러분의 회사에서 사용하는 협업 도구, 혹은 파워포인트 등 어떤 것을 사용해도 무방합니다.

NOTE 피그잼 가입하고 활용하기

피그잼(FigJam)은 UX/UI 제작 도구로 유명한 피그마에서 제작한 일종의 브레인스토밍, 다이어그램용 화이트보드 협업 도구입니다. 프로젝트 일정 관리부터 아이디어 회의, 협업 과정의 의사 소통 등 다양한 분야에 활용할 수 있으며, 이번 예제에서 진행할 고객 페르소 나 분석 템플릿도 제공합니다.

01 ❶ 이메일 혹은 기존 구글 계정으로 바로 가입할 수 있습니다. 원하는 방식을 선택한 후 진행하면 이름과 직업을 입력하는 화면이 나타납니다. ❷ 이름, 직업, 사용 목적을 입력하고 ❸ [Next]를 클릭합니다.

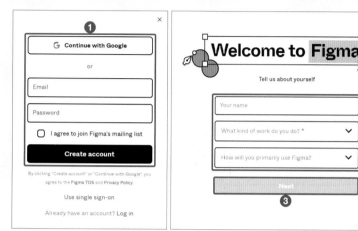

02 피그잼으로 같이 사용할 사람을 초대하는 화면이 나타나면 우선 ❶ [Do this later]를 클릭합니다. 사용 목적을 묻는 화면이 나타나면 계속해서 ❷ [Skip]을 클릭합니다.

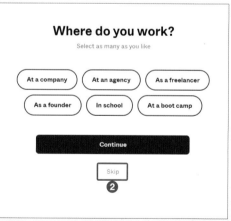

03 플랜 유형을 선택합니다. 우선 무료로 사용할 수 있는 Starter 유형을 사용합니다. [Use FigJam for free]를 클릭합니다.

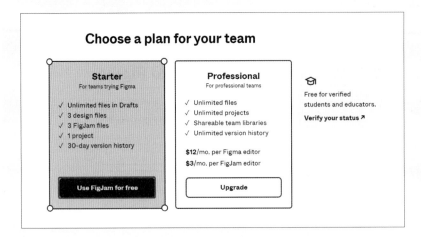

04 피그잼 화이트보드 작업 화면이 나타납니다.

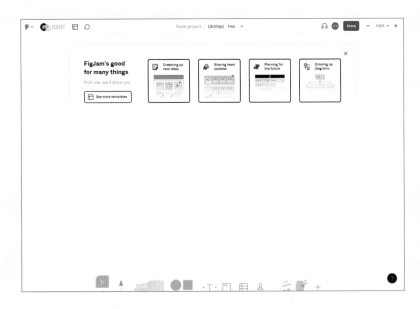

08 다양한 템플릿이 나타납니다. 검색란을 클릭합니다.

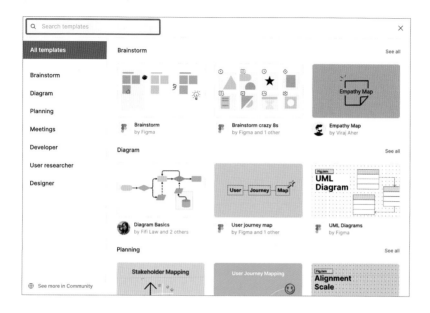

09 ❶ 검색란에 **persona**를 입력합니다. ❷ 검색 결과 중 [User persona]를 찾아 클릭합니다.

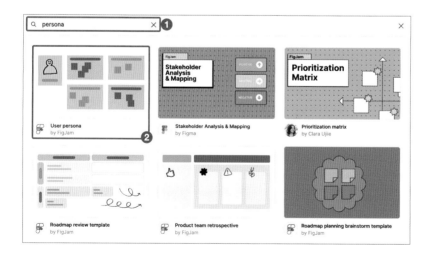

10 페르소나용 템플릿이 나타납니다.

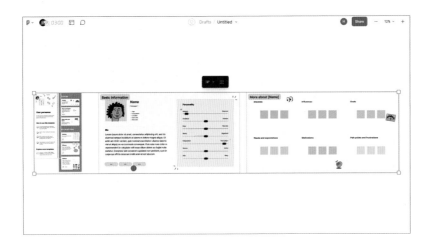

11 페르소나 템플릿 중 ❶ 사진에 해당하는 부분을 클릭합니다. ❷ 나타나는 이미지 상단의
메뉴에서 📷을 클릭합니다.

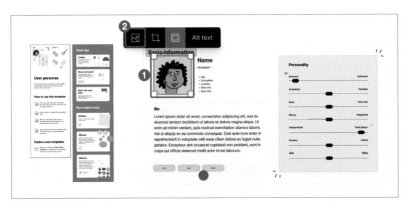

TIP 작업 영역은 자유롭게 축소/확대하여 작업할 수 있습니다. 오른쪽 상단의 확대/축소 기능을 활용하거나 Ctrl 을 누른 상태로 마우스 휠을 위/아래로 스크롤하면 됩니다.

12 앞서 저장한 페르소나 인물의 사진을 찾아 선택하고 업로드합니다.

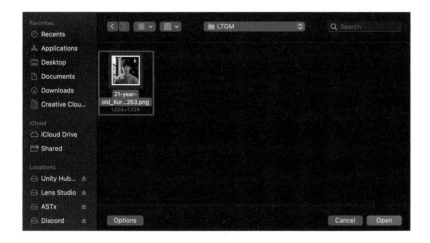

13 페르소나 보드에 인물 사진이 삽입됩니다.

14 앞서 페르소나의 성격/특징 등을 구상할 때 작성한 추가 정보를 기입해 완성합니다.

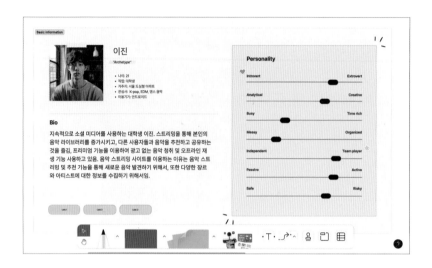

지금까지 AI를 활용해 캐릭터 콘셉트 아트와 가상의 페르소나 이미지를 제작해 보았습니다. 이렇듯 기존 페르소나 보드에 실제 인물 사진 느낌의 이미지를 추가한 것만으로도 상당한 현실감과 설득력이 생깁니다. 스톡 이미지 사이트에서 구한 외국인 사진, 미모지나 캐릭터 이미지, 연예인 사진과 달리 주변에서 흔히 만날 수 있는 수준의 자연스러운 프로필 사진을 생성해 페르소나를 더욱 강화하는 데 충분히 사용할 수 있을 것입니다.

독특한 콘셉트의
제품 디자인 영감 얻기

이미지 생성 AI를 제품 디자인에 활용하기

최근에는 이미지 생성 AI를 활용해 특정 브랜드의 제품에 다양한 콘셉트를 더해 디자인하는 크리에이터가 증가하고 있습니다. 아이언맨, 스파이더맨, 토르 등 슈퍼 히어로 콘셉트를 적용한 운동화, 자하 하디드(Zaha Mohammad Hadid), 렌조 피아노(Renzo Piano) 등 유명 건축가의 스타일을 본딴 자동차 디자인, 그리고 미드저니와 달리를 활용해 올 디자인 랩(All Design Lab)이 디자인한 테니스 라켓은 제품 디자인 분야 온라인 잡지인 〈얀코 디자인(Yanko Design)〉에 소개되며 화제가 되었습니다.

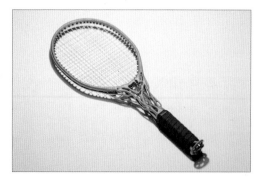

▲ 미드저니와 달리를 사용해 디자인한 테니스 라켓[8]

생각의 틀을 벗어나는 디자인을 빠르게 시각화할 때 이미지 생성 AI의 도움을 얻을 수도 있습니다. 이전에는 단순한 호기심으로 끝나거나, 생각에 의존하여 작업을 진행했던 것과는 달리 AI로 제작한 이미지를 제품 디자인에 참고할 수 있습니다.

▲ 마블 히어로 콘셉트로 생성한 나이키 운동화 디자인[9]

---

8 SARANG SHETH, "FUTURISTIC TENNIS RACQUET WAS DESIGNED BY ARTIFICIAL INTELLIGENCE TO BE LIGHTER, STRONGER, AND BETTER LOOKING", 2022, YANKO DESIGN, 출처 : https://www.yankodesign.com/2022/08/23/futuristic-tennis-racquet-was-designed-by-artificial-intelligence-to-be-lighter-stronger-and-better-looking/

9 "AI Generated Marvel X Nike Football Sneakers", DESIGN SWAN, 2022, 출처 : https://www.designswan.com/archives/ai-generated-marvel-x-nike-football-sneakers.html

디즈니 빌런 캐릭터 테마의 식기 디자인하기

이번 LESSON에서는 디즈니 장편 애니메이션에 등장하는 세 명의 빌런 〈인어공주〉의 우르슐라, 〈101마리의 달마시안 개〉의 크루엘라 드 빌, 〈이상한 나라의 앨리스〉의 하트 여왕 테마의 식기를 디자인해보겠습니다. 각 캐릭터의 개성이 두드러지는 식기가 디자인될 수 있도록 작업해보겠습니다.

01 우선 〈인어공주〉의 '우르슐라 스타일'로 식기를 디자인해보겠습니다. 한글로 어떤 테마인지 묘사하고 번역합니다. ❶ 미드저니의 메시지 입력란에 해당 프롬프트를 입력합니다. ❷ Enter를 누릅니다.

> 프롬프트 Tableware with the theme of Villain Ursula in the Disney animation 'The Little Mermaid', a design that stands out with the character of Villain
>
> (디즈니 애니메이션 '인어공주' 속 빌런 우르슐라 테마의 식기, 빌런의 성격이 두드러지는 디자인)

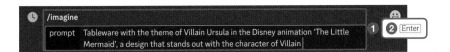

02 우르슐라 테마의 식기 디자인이 생성되었습니다.

03 이번에는 상단 정면에서 촬영한 듯한 구도를 생성하기 위해 ❶ **Aerial shot**을 프롬프트에 추가합니다. ❷ Enter 를 눌러 진행하면 ❸ 상단 정면 구도의 식기 디자인이 생성됩니다.

프롬프트   Tableware with the theme of Villain Ursula in the Disney animation 'The Little Mermaid', a design that stands out with the character of Villain, Aerial shot

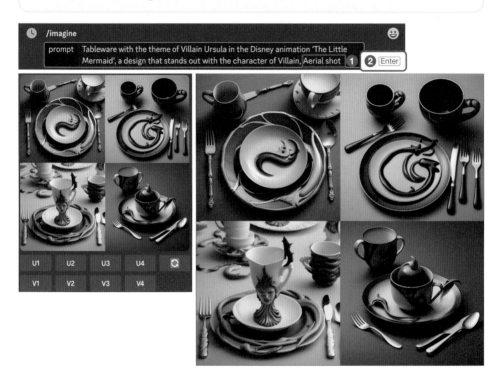

04 이번에는 〈101마리의 달마시안 개〉에 등장하는 '크루엘라 드 빌'이 들어간 프롬프트를 준비합니다. ❶ 메시지 입력란에 프롬프트를 입력한 후 ❷ Enter 를 누릅니다. ❸ 크루엘라 드 빌 콘셉트의 식기 디자인이 나타납니다.

프롬프트   Tableware with the theme of Villain Cruella De Vil in the Disney animation '101 Dalmatians', a design that stands out with the character of Villain, Aerial shot

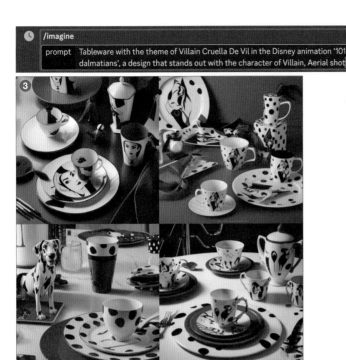

05 마지막으로 〈이상한 나라의 앨리스〉에 등장하는 '하트 여왕'이 들어간 프롬프트를 준비합니다. ❶ 메시지 입력란에 프롬프트를 입력한 후 ❷ [Enter]를 누릅니다. ❸ 하트 여왕 콘셉트의 식기 디자인이 나타납니다.

프롬프트 ┃ Tableware with the theme of Villain Queen of Hearts in the Disney animation 'Alice's Adventures in Wonderland', a design that stands out with the character of Villain, Aerial shot

06 다른 버전의 이미지를 다시 새롭게 생성해보고 싶다면 🔄을 클릭합니다.

지금까지 이미지 생성 AI를 제품 디자인 분야에 활용하는 방법에 대해 알아보았습니다. AI의 알고리즘은 과거의 디자인 데이터를 분석해 새로운 디자인을 생성하기 때문에 콘셉트 디자인 과정에서 창의성과 다양성을 높일 수 있습니다. 단순한 제품 디자인을 넘어 콘셉트를 더욱 강화하는 데 활용할 수 있길 바랍니다.

PART 03
이미지 생성 AI의
한계와 기술 발전

CHAPTER 01
이미지 생성 AI의
현재와 한계, 해결책

더욱 디테일한 작업을 도와주는 멀티모달과 전이학습

지금까지 대표적인 이미지 생성 AI인 달리, 미드저니, 스테이블 디퓨전에 대해 알아보고 특히 미드저니를 활용해 다양한 작업을 진행해보았습니다. 달리, 미드저니, 스테이블 디퓨전과 같이 프롬프트를 활용해 이미지를 생성하는 이미지 생성 AI 서비스는 구체적으로 '텍스트 기반 이미지 생성 AI'로 분류할 수 있습니다.

텍스트로 이미지를 생성하는 방식은 복잡한 기능과 전문적 예술 지식 없이도 원하는 내용만 입력해 수준급의 이미지를 바로 만들 수 있습니다. 하지만 의도한 이미지를 텍스트만으로 정확히 얻어내기는 어렵습니다.

사물의 구체적 위치, 정확한 구도, 인물의 자세를 구현하고 싶을 때 이를 텍스트만으로 묘사하는 것은 쉽지 않습니다. 또 원하는 스타일을 구현하고 싶어 특정 작가의 이름을 입력해도 스타일이 하나만 있는 게 아닐 수도 있습니다. 그래서 프롬프트 엔지니어링 과정이 필요하고, 원하는 이미지에 맞는 키워드를 알고 활용할 수 있어야 합니다.

이런 한계를 극복하기 위해 여러 가지 방법이 연구되고 있습니다. 더욱 수준 높고 디테일한 작업을 위한 대표적인 방법은 세 가지가 있습니다. 첫 번째는 텍스트와 이미지를 같이 입력하는 멀티모달(Multimodal), 두 번째는 세부적인 정보를 제한하는 컨트롤넷(ControlNet), 마지막으로 AI 모델을 특정 스타일로 특화하는 전이학습입니다. 세 방법 모두 뛰어난 가능성을 보여주지만 아직 연구 중이거나 일부 스타트업 기업에서 도입한 상태입니다.

앞으로 이미지 생성 AI의 핵심 추가 기능으로 도입될 가능성이 높은 방법에 대해서 한 번 알아보겠습니다.

이미지를 함께 사용하는 멀티모달

이미지를 표현하는 가장 쉬운 방법은 바로 이미지를 사용하는 것입니다. 이미지를 사용해 이미지를 설명한다는 말이 살짝 이상하게 들릴 수는 있습니다. 하지만 이미 일상에서 많이 사용되는 방법입니다.

의도한 내용을 전달하기 위해 간단히 스케치하거나, 단순한 그림을 통해 구도를 설명하는 경우가 그러합니다. 이처럼 AI에게 생성하고자 하는 이미지를 설명할 때 이미지를 사용한다면 텍스트의 한계를 보완하고 더욱 구체적으로 요청을 전달할 수 있습니다. 이렇게 이미지와 텍스트를 동시에 사용하는 방식을 멀티모달 (Multimodal)이라고 합니다.

TIP 멀티모달(Multimodal)은 텍스트와 이미지 외에도 AI에게 두 가지 이상의 데이터 조합을 전달해 상호작용한다는 개념입니다. 챗GPT에 PDF, 이미지 등을 업로드한 후 텍스트로 대화하는 것도 일종의 멀티모달입니다.

대표적으로 엔비디아(NVIDIA)에서 개발한 고갱2(GauGAN2)의 연구 데모 시연은 이미지 생성 AI 멀티모달 서비스로 상용화 가능성을 보여주었습니다. 스타워즈 시리즈의 상징적인 행성 타투인(Tatooine)은 두 개의 태양이 비추는 독특한 풍경을 가지고 있습니다. 이미지 생성 AI는 이러한 타투인 행성의 특징을 학습하지 않은 상태에서 유사한 풍경을 만들기 위해 '사막, 모래언덕, 해'라는 텍스트를 입력한 후, 페인팅 툴을 사용해 사막과 하늘, 태양의 위치를 그리고 이미지를 생성합니다.

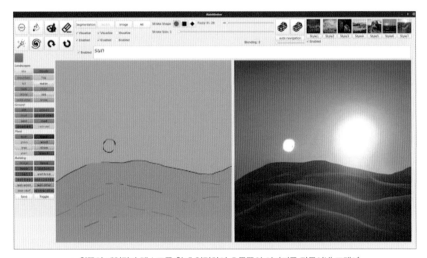

▲ 왼쪽의 페인팅과 텍스트를 함께 입력하여 오른쪽의 이미지를 만들어낸 고갱2[1]

위 그림에서 보는 것처럼 직접 그린 이미지와 텍스트를 반영해 이미지가 생성됩니다. 기존 방식대로 텍스트만 사용했다면 태양의 위치, 크기, 사막의 모습 등 원하는 결과를 얻기 위해 계속해서 프롬프트를 수정했을 것입니다. 하지만 멀티모달 방식을 사용하면 이미지를 통해 사물의 위치를 지정하여 쉽게 원하는 결과를 얻을 수 있습니다.

---

1 NVIDIA 공식 사이트, 간단한 단어로 사실적인 예술 작업 가능한 AI 페인팅 툴 'GauGAN2', 출처 : https://blogs.nvidia.co.kr/2021/11/24/gaugan2-ai-art-demo/

스테이블 디퓨전에서도 멀티모달 기능인 Img2img를 개발했습니다. 스테이블 디퓨전 자체의 강력한 이미지 생성 기능에 멀티모달을 적용하면 더욱 디테일한 이미지를 만들 수 있습니다. 또 기존 이미지를 기반으로 만화 스타일에서 사진 스타일로 변경하는 등 다양한 스타일을 적용할 수도 있습니다.

다음 예시는 스테이블 디퓨전의 Img2img 기능을 사용해 작업한 모습입니다. 간단한 이미지를 직접 그린 후 다음과 같은 프롬프트를 입력합니다.

> **프롬프트** A storm approaching to futuristic city full of tall buildings, In the middle of a barren desert full of large dunes, storm, rain, Artstation, Dark sky full of stars with a heavy rain, Massive scale, Fog, Highly detailed, Cinematic, Colorful
> (고층 빌딩으로 가득한 미래형 도시로 다가오는 폭풍, 큰 모래 언덕으로 가득한 황량한 사막 한가운데, 폭풍, 비, 아트스테이션, 폭우와 함께 별이 가득한 어두운 하늘, 거대한 스케일, 안개, 고도로 디테일, 영화 같은, 화려한)

Img2img를 여러 번 진행하며 초보자 수준의 이미지가 점점 구체화되고, 최종적으로 높은 퀄리티의 이미지가 완성됩니다. 이처럼 멀티모달 서비스는 계속해서 이미지를 수정, 발전시킬 수 있는 장점도 가지고 있습니다.

▲ 가장 왼쪽의 이미지를 기반으로 Img2img 과정을 거치면서 가운데를 지나 오른쪽 사진처럼 발전되는 결과물

멀티모달을 활용하면 이미지 생성 AI에게 더욱 구체적인 정보를 전달하고, 단순한 이미지도 수준급의 결과물로 변환할 수 있습니다. 이러한 장점을 활용해 현재도 다양한 서비스가 개발되고 있습니다.

스케치 AI(Sketch AI)는 멀티모달을 활용하여 간단히 이미지로 그린 아이디어를 높은 퀄리티의 이미지로 변경해주는 애플리케이션입니다. 지금까지 알아본 멀티모달 기능을 적용한 서비스와 매우 유사하며, 실제 애플리케이션을 다운로드해 바로 사용해볼 수도 있습니다.

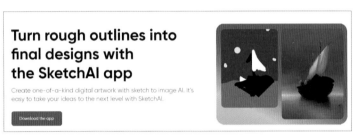

▲ 간단한 스케치를 수준급의 결과물로 바꾸어주는 스케치 AI[2]

업로드한 이미지를 기반으로 영상을 만들 수 있는 카이버 AI(Kaiber AI)도 있습니다. 이 서비스는 이미지를 업로드하고 영상에 대한 설명을 입력하면 이미지가 바

▲ 업로드한 이미지를 바탕으로 애니메이션 영상을 만들어주는 카이버 AI[3]

---

2   스케치 AI 공식 홈페이지, https://sketchai.app/
3   카이버 AI 공식 홈페이지, https://kaiber.ai/

꿰면서 애니메이션이 제작됩니다. 이 서비스도 마찬가지로 멀티모달 기능을 활용한 것입니다.

이처럼 멀티모달 서비스는 이미지를 텍스트로만 묘사하기 힘들다는 기존 텍스트 기반 이미지 생성 AI의 한계를 해결할 수 있는 방법 중 하나입니다. 현재 일부 스타트업 기업이 이를 적용한 서비스를 개발해 출시하였고 많은 연구가 진행 중입니다. 기존에 진행하던 디지털 작업에서 더욱 효율적인 작업을 원하는 디자이너에겐 매우 효과적인 기능이 될 것입니다.

이미지를 통해 새 이미지를 만든다는 것을 바꿔 말하면 이미지 생성에 필요한 원본 이미지가 별도로 필요하다는 것입니다. 디자인이 주 업무가 아닌 사람의 경우 디지털 작업물을 생성하고 이를 AI에 적용하는 것은 오히려 번거로운 일이 될 수 있습니다. 따라서 멀티모달은 이미지 생성 AI의 폭넓은 가능성을 보여주는 것이지, 텍스트로만 작업하는 것이 비효율적이라는 의미는 아닙니다.

멀티모달로 구체적인 정보를 전달하는 컨트롤넷

멀티모달은 이미지 생성에 이미지를 사용할 수 있어 구도는 물론 인물과 사물의 배치 표현이 쉽다는 장점을 가지고 있습니다. 하지만 이미지 생성 AI는 입력한 이미지의 구도와 배치를 어디까지나 참고만 할 뿐 정확한 사물의 위치, 인물의 동작을 조절할 수 없다는 한계가 있었습니다. 여러 가능성 중 알맞은 결과물을 생성하는 AI의 특성상 입력한 이미지가 동일해도 다른 결과가 나오기 때문에 이 부분은 해결하기 어려운 문제라고 여겨졌습니다.

최근 스탠포드대학교의 연구진은 컨트롤넷(ControlNet)이라는 모델을 발표했는

데, 이를 활용하면 특정 정보를 고정한 상태에서도 이미지를 생성할 수 있습니다. 사물의 테두리를 유지한 상태에서 색상과 스타일만 바꿀 수 있고, 인물의 자세를 고정하고 다양한 스타일, 캐릭터를 만들 수도 있습니다.

다음 예시처럼 선으로 이루어진 이미지를 업로드하고 이미지에 대한 설명을 텍스트로 추가하는 방식으로 쉽게 채색이 가능합니다.

▲ 컨트롤넷을 활용해 선화에 자동으로 채색하는 AI 기능4

다음 예시 사진은 컨트롤넷에 참고하고 싶은 이미지를 입력해 활용하는 기능입니다. 새로운 히어로 캐릭터 이미지를 만들 때 어떤 동작이 어울릴지 고민하던 중 요가 사진을 찾았습니다. 요가 자세가 히어로 캐릭터 이미지에 잘 어울릴 것 같다고 판단했다면 이를 어떻게 이미지를 생성에 활용할 수 있을지 알아보겠습니다.

---

4 JunYoung, ControlNet 논문 이해하기 및 사용해보기, 출처 : https://junia3.github.io/blog/controlnet

컨트롤넷은 참고 이미지를 삽입하면 자동으로 분석 후 인물의 자세를 추출하는 기능을 제공합니다. 왼쪽의 사진처럼 요가하는 사진을 입력하면 오른쪽 그림과 같이 각 관절을 파악하여 자세를 분석해 결과를 생성합니다.

▲ 사람의 요가 사진으로부터 신체 부위를 파악하는 AI[5]

여기에 멀티모달을 사용해 히어로 캐릭터 이미지 프롬프트를 입력하면 다음 그림과 같이 해당 자세를 따라한 이미지가 생성됩니다. 이처럼 컨트롤넷과 멀티모달을 활용하면 단순히 이미지를 참고하는 것을 넘어서 이미지의 테두리 정보 혹은 자세 정보를 기초로 다른 정보를 만들 수도 있습니다. 즉, 고정하고 싶은 특정 정보만 고정한 상태에서 다양한 이미지를 만들 수 있는 것입니다. 이를 통해 디테일한 이미지를 만들 수 있게 될 것이며, 여러 분야에서 컨트롤넷의 활용 방법이 연구되고 있습니다.

5   Sayak Paul/YiYi Xu/Patrick von Platen, "Ultra fast ControlNet with Diffusers", Huggingface, 출처 : https://huggingface.co/blog/controlnet

▲ 파악한 신체 정보에 맞게 히어로 이미지를 만들어낸 컨트롤넷의 결과물[6]

원하는 스타일을 그대로 학습하는 전이학습, 로라

컨트롤넷과 멀티모달의 발전으로 보다 구체적인 요청이 가능해져도 이미지 생성에 필요한 모든 문제를 해결할 수 있는 것은 아닙니다. 가장 대표적으로 스타일 문제가 있습니다. 이미지를 생성할 때 3D 이미지, 중세 느낌, SF 감성, 특정 만화 스타일 등 목적과 상황에 따라 필요한 이미지 스타일이 있습니다.

프롬프트에 스타일 정보를 입력하면 대부분 유사한 이미지가 생성되지만 때로는

---

6 Sayak Paul/YiYi Xu/Patrick von Platen, "Ultra fast ControlNet with Diffusers", Huggingface, 출처 : https://huggingface.co/blog/controlnet

구체적인 스타일을 지시할 필요가 있습니다. 또 아무리 프롬프트 엔지니어링을 잘 해도 AI가 해당 스타일을 학습하지 않았다면 원하는 이미지를 생성할 수 없습니다.

이때 원하는 스타일의 이미지를 AI에 적용한다면 문제를 해결할 수 있을 것입니다. 보통 이미지 생성 AI의 학습 모델을 만들기 위해서는 수백만 장의 이미지가 필요합니다. 하지만 전이학습은 학습이 완료된 기존의 모델을 활용해 일부 데이터를 추가로 학습시켜 적은 이미지로도 유사한 스타일을 만들 수 있기 때문에 사용자는 소량의 데이터로 원하는 AI 모델을 만들 수 있게 되었습니다.

여러 전이학습 방법 중 현재 마이크로소프트에서 발표한 로라(LoRA)가 가장 활발하게 사용, 연구되고 있습니다. 로라는 수백 장 규모의 이미지만 있어도 원하는 스타일로 전이학습을 진행할 수 있습니다.

▲ 다른 데이터로 추가 학습하여 동일한 프롬프트로 원하는 스타일의 이미지가 나오게 해주는 로라

로라를 사용하기 위해서는 기존 이미지 생성 AI 모델의 소스를 사용해야 합니다. 따라서 AI 모델 공개 없이 서비스만 제공하는 달리와 미드저니는 전이학습 활용이 불가능하고, 모델 소스와 코드가 공개된 오픈 소스인 스테이블 디퓨전은 로라를 사용할 수 있습니다.

가이드를 통해 직접 수집한 이미지로 학습을 진행할 수 있지만, 시비타이 (CIVITAI)에서 많은 사용자가 본인이 학습시킨 결과물을 공유하고 있으므로 전이학습이 진행된 모델을 사용하거나 참고해 활용할 수 있습니다.

▲ 여러 종류의 학습된 로라 모델을 공유하는 시비타이7

이처럼 전이학습을 활용하면 원하는 스타일의 결과물이 나오도록 AI를 수정할 수 있습니다. 특히 높은 퀄리티의 결과물 생성이 가능한 스테이블 디퓨전과 로라가 만나면 더욱 쉽고 빠르게 수준급의 결과를 생성할 수 있습니다.

7 시비타이 홈페이지, 출처 : https://civitai.com/

하지만 여전히 좋은 품질의 이미지를 생성하기 위해서는 프롬프트가 중요합니다. 앞서 알아본 멀티모달, 전이학습 모두 프롬프트 엔지니어링을 같이 활용하는 기능입니다. 따라서 멀티모달 기능을 활용하고, 나만의 AI 모델을 활용해 이미지를 생성할 때 프롬프트 엔지니어링을 적절하게 활용한다면 원하는 결과를 더욱 쉽게 만들 수 있을 것입니다.

AI 학습과 개발 이면의 문제점

이미지 생성 AI는 기존에 없던 새로운 방식과 뛰어난 능력을 가진 도구입니다. 하지만 이러한 점 때문에 기능 외적인 새로운 문제도 발생했습니다. 바로 데이터 도용과 환경 문제입니다.

이미지 생성 AI 모델이 작동하기 위해서는 막대한 데이터를 수집해야 하고, 수집한 데이터를 학습하기 위한 고성능 컴퓨터가 필요합니다. 이로 인해 어떤 문제가 발생하는지, 또 해결책이 있는지도 같이 알아보겠습니다.

이미지 생성 AI의 데이터 도용 문제

데이터가 많고, 품질도 좋다면 AI의 높은 성능을 기대할 수 있다는 것은 많은 실험과 사례를 통해 정설이 되었습니다. 그러면 달리, 미드저니, 스테이블 디퓨전과 같은 양질의 이미지 생성 AI를 만들기 위해서는 몇 장의 이미지가 필요할까요?

우선 명확한 학습 데이터가 공개되지 않은 미드저니를 제외하고 달리2의 경우에는 약 6.5억 장의 이미지와 텍스트 세트가 사용되었고 달리3는 공개된 내용이 없지만 이보다 훨씬 많은 세트가 사용되었을 것으로 추측합니다. 특히 스테이블 디퓨전의 경우 약 58.5억 장의 이미지와 텍스트 세트가 사용되었다고 합니다.

모델명	달리	달리2	달리3	스테이블 디퓨전
사용된 이미지 수(장)	4억	6.5억	확인 불가	58.5억

이처럼 이미 상용화된 이미지 생성 AI 모델들은 막대한 이미지 데이터를 가공한 후 학습 데이터로 활용하고 있습니다. 달리의 경우 데이터를 확인하고 사회적 혹은 윤리적으로 문제가 될 수 있는 부분을 검토해 좋은 품질의 데이터를 사용한다고 밝혔습니다. 스테이블 디퓨전은 저작권에 문제가 없는 데이터를 온라인으로 수집한 후 부적절한 이미지를 제거한 'LAION-5B'라는 데이터 세트를 공개했습니다. LAION-5B는 일반인도 사용할 수 있으며 검색을 통해 어떤 데이터가 사용됐는지 확인할 수 있습니다.

개발사마다 모델에 사용된 데이터를 내부적으로 검토했다고 밝히고 있지만 억 단위의 방대한 이미지를 사람이 직접 검토하는 것은 사실상 불가능에 가깝습니다. 그러다 보니 실제로는 프로그램을 이용해 가공되는 경우가 대부분입니다.

이때 저작권 문제가 불거지기 쉽습니다. 누군가 무단으로 다른 작가의 작업을 가져가 업로드해버린 이미지도 저작권에 문제가 없다고 판단되어 AI 학습에 사용되는 경우가 그러합니다. 저작권을 명확하게 인식하지 못한 경우, 취업/홍보용으로 제작된 포트폴리오의 작업물이 당사자 모르게 AI 학습에 사용될 가능성은 충분합니다.

실제로 LAION-5B 데이터 세트에서 글로벌 포트폴리오 공유 사이트인 아트스테이션(Artstation)에서 인기 있다는 뜻의 'Trending on Artstation' 키워드로 검색하면 해당 사이트의 이미지가 꽤 많이 나타납니다.

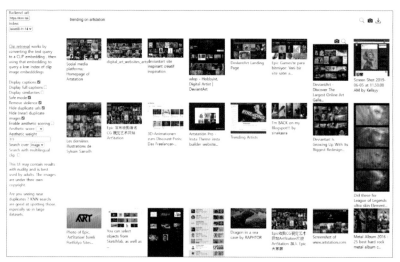

▲ 누구나 사용할 수 있게 공개된 50억 장의 이미지-텍스트 데이터 세트 'LAION-5B'에서
'Trending on Artstation' 키워드로 검색한 결과[8]

이처럼 원작자도 모르는 사이에 작업물이 AI 이미지 생성에 사용되는 것은 기분 좋은 일이 아닐 것입니다. 작가들은 AI가 원작과 비슷한 수준의 이미지를 1분에 수십 개씩 만들어내 본인의 일자리를 위협할 수 있다고 불만과 우려를 표하고 있습니다.

그 결과 많은 작가들이 본인의 데이터를 제외하거나 출처를 밝히라고 요청하고 있습니다. 또 아트스테이션에서는 이미지 생성 AI로 만든 이미지를 사이트에 공유하는 것을 반대하는 행동으로 'AI 금지 마크'가 그려진 이미지를 업로드하기도 했습

8   LAION-5B 공개 데이터 세트 홈페이지, 출처 : https://rom1504.github.io/clip-retrieval/

니다. 이후 'No to Generated Image' 혹은 AI에 금지 표시가 그어진 이미지가 아트
스테이션 섬네일에 가득 찬 스크린샷이 SNS를 통해 확산되었습니다.

▲ 아트스테이션 사이트에 업로드된 'AI 금지 마크'

이는 많은 사람들에게 경각심을 주었고 현재 달리와 미드저니, 그리고 스테이블
디퓨전 개발사는 저작권에 문제가 있는 데이터를 제거하는 기능을 제공하고 데이
터 수집에 더욱 조심하겠다고 발표한 상황입니다.

하지만 로라와 같이 전이학습을 사용하는 경우는 꾸준히 문제가 제기되고 있습
니다. 개인이 유명 작가의 이미지를 수집해 AI 모델을 만들 수 있기 때문에 저작권
을 지켰는지 일일이 확인할 수 없기 때문입니다. 가장 큰 문제는 개인이 이미지 자
체를 소유하는 것은 처벌이 어렵고, 사적으로 사용할 경우 일일이 파악하기가 매우
어렵다는 점입니다.

이렇게 제작된 이미지가 나쁜 의도로 활용되고 있는 사례도 다수 발생하고 있습
니다. 하지만 새롭게 등장한 기술에 알맞은 규제가 없어 파악과 처벌이 어려운 상
황입니다. 이에 각국의 규제 기구 전문가들이 이러한 데이터 수집과 이미지 생성
AI에 대한 규제를 검토, 연구 중에 있습니다.

AI와 환경 문제

이미지 생성 AI에 막대한 데이터가 사용되었다는 점은 다시 말해 해당 이미지를 저장할 수 있는 서버, 모델을 학습시키기 위해 막대한 에너지를 소비하는 컴퓨터가 필요하다는 뜻이기도 합니다.

현재 개별 이미지 생성 AI를 학습하는 과정에 소비된 전력에 대한 연구는 없지만 챗GPT로 대표되는 거대언어모델(Large Language Model, LLM) 중 하나인 GPT-3의 사례를 통해 어느 정도 유추는 가능합니다. 2021년 발표에 따르면 GPT-3 모델을 학습시키기 위해 1,287MWh(메가와트시)가 사용되었다고 합니다. 이는 미국 120개 가구의 1년 전기 사용량을 초과하는 막대한 전력 소모이며, 오히려 학습보다 사용에 더 많은 전력량이 필요할 수도 있다고 합니다.

또 전기를 소모하며 서버가 발생하는 열을 식히는 것도 문제입니다. 이를 냉각하기 위해서는 현재 공기를 사용하는 공냉식과 물을 사용하는 수냉식 방열 시스템이 활용되는데 학습 과정에 약 70만리터의 물이 소비된다고 합니다.[9]

이미지 생성 AI의 경우에도 큰 모델과 큰 용량의 이미지를 사용하기 때문에 마찬가지로 방대한 전력과 물이 소비될 것입니다. 거기에 이미지 생성 AI 모델 규모와 데이터는 계속 커지는 추세이기 때문에 앞으로 더 많은 에너지를 필요로 하고 환경에 대한 문제도 더욱 부각될 것입니다.

AI로 인해 발생하는 에너지, 환경 문제를 해결하기 위해 마이크로소프트와 구글, 아마존 등 서버, AI 개발 업체는 학습과 운영에 필요한 에너지 효율을 높여 자

---

8   김계환, '전기 먹는 하마' AI 급성장에 탄소배출도 급증 우려, 2023, 매일경제, 출처 : https://stock.mk.co.kr/news/view/61472

원 낭비를 줄이기 위한 방법을 연구 중입니다. 나아가 마이크로소프트는 효율적인 냉각을 위해 서버를 해저에 위치시키는 '나틱 프로젝트(Project Natick)'를 진행해 에너지 효율을 높이는 방법도 시도하고 있습니다.

그럼에도 불구하고 AI가 수학적으로 최적화된 알고리즘에 비해 많은 에너지를 소비한다는 사실 자체는 변함이 없습니다. 따라서 AI를 사용할 모든 작업에서 꼭 방대한 규모의 AI가 필요한지 확인한 후 선택적으로 적용해 에너지 효율을 높이려는 최적화 문제는 앞으로도 중요하게 다뤄질 것입니다.

▲ 해저에 서버를 위치시켜 냉각 효율을 높인 마이크로소프트의 친환경 사업 '나틱 프로젝트'10

---

10   프로젝트 나틱 공식 홈페이지, 출처 : https://natick.research.microsoft.com/

이미지를 믿지 못하는 시대

딥페이크 문제, 진짜 같은 가짜 이미지의 범람

포토샵으로 대표되는 디지털 이미지 처리, 편집 도구의 발전으로 둘 이상의 사진을 자연스럽게 합성해 마치 실제와 유사한 가짜 이미지를 만드는 기술이 급격하게 발전했습니다. 사진 속 사물이나 인물을 삭제하거나 반대로 추가하는 작업으로 보다 원하는 이미지를 쉽게 만들 수 있게 되었고, 이미지 아트워크의 영역도 굉장히 넓어졌습니다.

그러나 이러한 기술을 사용해 가짜 이미지를 만들어 마치 실제 사건처럼 꾸미기 위한 허위 정보를 제작하는 문제가 발생했고, 이를 처벌하는 규정과 법안도 신설되었습니다. 하지만 정교한 이미지 제작을 위해선 도구에 대한 이해는 물론 이미지 편집 능력까지 필요합니다. 따라서 아무나 할 수 없고, 대량 생산도 힘들어 합성에 대한 판단 기술 발전과 함께 규제도 비교적 쉬운 편이었습니다.

하지만 AI의 발전으로 이미지 합성 기술에 대한 접근성이 매우 개선되며 인간 이미지 합성 기술인 '딥페이크(Deep Fake)'가 등장했습니다. 이젠 합성을 넘어 누구나 텍스트 프롬프트를 입력해 실제와 유사한 이미지를 얻는 것이 그리 어려운 일만은 아니게 되었습니다.

미드저니와 달리 같은 이미지 생성 AI 모델은 유명인사의 직접적인 묘사를 금지했지만, 스테이블 디퓨전의 전이학습 발전으로 특정인의 이미지를 분석해 만드는 것이 더욱 쉬워졌습니다. 이를 사용하면 전문적 도구와 지식 없이도 유명인의 가짜 이미지를 만들 수 있게 되었습니다.

2023년 3월에는 프란치스코 교황이 하얀색 롱패딩을 입고 바티칸시국 성 베드로 광장을 산책하는 이미지가 올라와 SNS에서 화제가 되었습니다. 이는 AI가 만든 가짜 이미지로, 자세히 살펴보면 부자연스러운 것을 확인할 수 있습니다. 전이학습 모델이 공유되고 기술이 급속도로 발전하며 이제는 랩과 디제잉하는 교황의 사진 등 얼핏 보면 구분하기 힘든 사진이 계속하여 생성되었습니다.

▲ AI를 통해 생성된 프란치스코 교황의 딥페이크 이미지

이처럼 이미지 생성 AI를 사용하면 누구나 쉽게 수많은 이미지를 만들 수 있습니다. 따라서 기존 방식으로 모든 이미지를 검열하고 규제하는 것은 사실상 불가능에 가까워지고 있습니다.

이미지 생성 모델이 계속 발전한다면 지금보다 실제와 더 비슷한 이미지를 만들고 공유하게 될 것입니다. 여기에 전이학습과 같은 이미지 생성 방식이 보편화된다면 유명인은 물론 일반인을 대상으로 한 딥페이크가 사회적인 큰 문제로 불거질 수 있습니다.

AI가 만든 이미지를 구분하려는 노력

2021년 콜로라도대학교 볼더캠퍼스(CU Boulder)에서는 일반인을 대상으로 특정 이미지를 주고 사람이 그린 그림인지 혹은 촬영한 사진인지, AI가 생성한 그림인지 구분하는 실험을 진행했습니다. 연구에 따르면 응답자의 75~85%가 둘 사이의 차이점을 구분하지 못했다고 합니다. 2021년이면 이미지 생성 AI의 초기 모델이 나오던 시기로, 이 책이 출간된 시점에 이르러서는 묘사가 부정확했던 손(손가락), 특정 사물과 같은 부분이 많이 수정되어 맨눈으로는 구분하기 어려운 단계에 왔습니다.[11]

AI의 그림을 구분하지 못하는 것은 일반인만의 문제가 아닙니다. 명망 있는 국제 사진 대회인 '2023년 소니 월드 포토그래피 어워드(2023 Sony World Photography Award)'에서는 AI로 생성한 이미지가 크리에이티브 부문에서 1위를

---

11 윤영주, "AI와 인간이 그린 그림, 대다수가 구별 못한다… 당신은?", 2021, AI타임즈, 출처 : https://www.aitimes.com/news/articleView.html?idxno=136886

차지했다가 수상자가 수상을 거부하는 일도 있었습니다. 이미지 생성 AI에서 1차원적으로 이미지를 생성하는 것을 넘어 프롬프트 엔지니어링을 통해 얻은 이미지를 가공한다면 진위 여부를 파악하기가 훨씬 어려워집니다.

2023년 소니 월드 포토그래피 어워드 1위 수상작 '가짜기억상실 : 전기기술자(Pseudomnesia: The Electrician)'의 작가인 20년 차 사진작가 보리스 엘다그젠(Boris Eldagsen)은 "예술계가 AI를 받아들일 준비가 돼 있는지 실험하고 싶었다."고 밝히며 "이 사진이 AI 생성 이미지였다는 것을 눈치채거나 의심한 사람이 얼마나 되는지 알아보고 싶었다."고 말했습니다. 이처럼 AI가 만든 이미지는 일반인을 넘어 전문가도 구별하기 어려운 상황입니다.[12]

▲ 2023년 소니 월드 포토그래피 어워드 크리에이티브 부문 1위 '가짜기억상실 : 전기기술자'

---

12 SONY WORLD PHOTOGRAPHY AWARD WINNER REVEALS ENTRY WAS AI-GENERATED, REJECTS PRIZE, Artforum, 출처 : https://www.artforum.com/news/sony-world-photography-award-winner-reveals-entry-was-ai-generated-rejects-prize-252639/

이런 문제를 해결하기 위해 이미지의 AI 생성 여부를 파악하는 AI가 개발 중이고, 현재 이를 활용한 일루미나티(Illuminarty)와 같은 서비스들이 등장했습니다. 해당 서비스에 이미지를 업로드하면 AI의 그림일 확률을 보여주고 상당히 높은 정확도로 구별해주고 있습니다.

하지만 이 결과를 바탕으로 이미지를 수정한다면 사람이 그린 그림에 가깝도록 AI 학습도 가능하기 때문에 진위를 파악하기는 더욱 어려워질 것입니다. 따라서 이미지 생성 AI의 초상권 권리 침해에 대한 규제 논의도 지속적으로 진행될 것입니다.

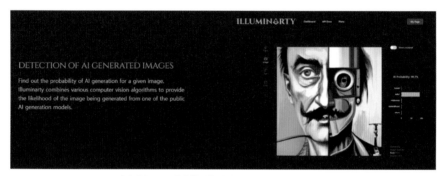

▲ 이미지가 AI 그림일 확률을 알려주는 AI 서비스 일루미나티[13]

AI로 작업한 창작물을 어디까지 허용할 것인가

만화를 그리는 방식은 종이에 펜으로 그리던 것에서 태블릿을 이용한 디지털 드로잉으로 발전했습니다. 지금은 대다수의 작가가 디지털 도구를 활용해 그림을 그리고 채색하는 방식으로 작업합니다. 아마도 다음 기술은 AI를 활용한 효율적인 작업이 될 것이라는 의견이 많습니다.

---

13 일루미나티 공식 홈페이지, 출처 : https://illuminarty.ai/en/

한국콘텐츠진흥원의 2022년 웹툰 작가 실태조사 보고서에 따르면 작가들은 하루 평균 10.5시간, 매주 평균 5.8일을 작품 활동에 사용한다고 합니다. 특히 83.6% 작가들이 '작업 및 휴식 시간 부족'을 웹툰 작업의 어려움으로 꼽고 있습니다. 이런 어려운 업무 환경에 AI가 단순 작업만이라도 도울 수 있다면 업무 효율성과 환경을 개선할 수 있다는 말이 나오는 것은 어찌 보면 당연합니다.[14]

어도비, 네이버 등 디지털 드로잉, 웹툰 기업들은 단순 반복 작업, 정교한 보정 작업 기능 개선을 통해 디자이너, 작가를 도울 수 있는 방법을 지속적으로 연구하고 있습니다. 특히 네이버는 웹툰 채색을 도와주는 서비스인 'Webtoon AI Painter'를 출시하는 등 웹툰 작가를 위한 서비스를 개발하고 있습니다.

▲ 클릭만으로 원하는 부위의 채색을 가능하게 하는 네이버웹툰의 'AI Painter'[15]

하지만 단순히 작업을 돕는 것을 넘어서 AI가 선 드로잉부터 채색까지 전부 가능해지는 수준까지 오자 한편에서는 기존 작가들의 영역이 대체되는 것이 아닐까 하

---

14 2022년 웹툰 사업체 실태조사 보고서, 한국콘텐츠진흥원, 출처 : https://www.kocca.kr/kocca/bbs/view/B0000147/2001775.do?menuNo=204153

15 네이버웹툰 AI 페인터 공식 홈페이지, 출처 : https://ai.webtoons.com/ko/painter

는 우려도 제기되고 있습니다.

콘텐츠를 생산하는 입장이 아니라 소비하는 독자들 입장에서도 생각해볼 문제가 있습니다. 만약 AI가 만든 웹툰 혹은 결과물을 활용해 편집한 작업을 독자들이 작품이라고 생각할까요? 여러 의견이 있지만 현재 국내 웹툰 독자들은 AI 기술을 활용해 만든 웹툰은 창작물로 인정할 수 없다는 반응이 대다수인 것으로 보입니다.

실제 AI 작업을 거친 것으로 알려진 작품에 별점을 낮게 주는 별점 테러를 하거나, 댓글에서도 불쾌하다는 반응이 대다수입니다. 이런 독자 반응 때문에 네이버웹툰과 카카오웹툰의 경우 웹툰 공모전에서는 AI 기술을 사용하지 않은 그림만 사용할 수 있다고 명시하였고 카카오웹툰은 구체적으로 '인손인그(인간의 손으로, 인간이 그린)' 작품만 사용할 수 있다고 명시하였습니다.

많은 사람들이 AI로 만들어진 작품에 부정적인 반응을 보이는 것은 크게 두 가지 이유로 나눌 수 있습니다. 전문성을 갖춘 작가가 오랜 시간 공들여 작업하던 것보다 손쉽게 그림을 만든다는 것과, 생성 AI는 무단으로 데이터를 수집하여 만들어져 저작권에 문제가 있다는 것입니다.

특히 저작권 문제에 관한 반발로 2023년 6월 2일과 3일 사이에 'AI 웹툰 보이콧' 운동이 진행되었습니다. 불특정 다수가 'AI가 만든 그림은 단 한 장도 저작권에서 안전하지 않다'는 내용을 담은 게시물이 네이버웹툰 도전 만화에 올라왔습니다.

네이버웹툰 측에서는 도전 만화, 베스트 도전, 공모전 출품작을 AI 학습에 활용하지 않았고 활용할 계획도 없다고 밝혔고, 다른 AI 서비스가 무단으로 네이버웹툰의 작품을 학습에 사용하지 못하도록 막고 있다고 해명했습니다.

앞서 언급한 것처럼 많은 이미지 생성 AI 서비스는 이미지 무단 도용에 경각심을 가지고 있고 저작권에 문제가 없는 이미지를 활용해 학습을 진행하고 있습니다.

▲ 네이버웹툰에서 진행된 저작권에 문제가 있는 AI 그림을 반대하는 'AI 웹툰 보이콧' 운동

어도비는 자사의 이미지 제공 서비스인 어도비 스톡(Adobe Stock)의 이미지만 활용해 저작권 문제가 100% 해결된 이미지를 생성하는 파이어플라이(FireFly) 서비스를 공개하는 등 많은 해당 문제에 크게 주의하고 있다는 것을 강조하였습니다.

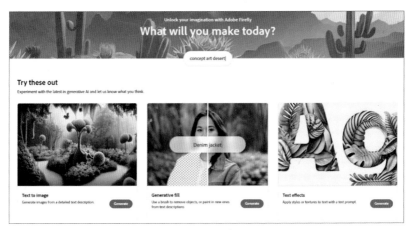

▲ 100% 합법적인 이미지를 활용하여 만들어진 어도비의 생성 AI 서비스 파이어플라이[16]

---

16 어도비 파이어플라이 공식 홈페이지, 출처 : https://www.adobe.com/kr/sensei/generative-ai/firefly.html

그러나 합법적인 생성 AI가 나온다 한들 수많은 독자가 AI로 만든 이미지를 작품으로 여길 것인지는 논란의 여지가 많은 상황입니다. 많은 사람의 반발에도 불구하고 업계는 기술 발전에 따라 지속해서 AI를 개발하고 활용 중입니다.

국내에도 NHN의 경우 AI 기반의 게임 그래픽 리소스를 제작하기 위한 Art of AI TF를 구성했고 2023년 4월 25일부터 구인을 시작했습니다. 그 외에도 국내외 다수 게임 제작사가 AI 생성 이미지를 게임 리소스에 활용하려는 시도를 진행 중이며 실제로 이를 활용한 게임이 출시된 상황입니다.

▲ AI 기술 기반 게임 제작 아티스트를 구인하는 NHN의 구인 공고문

세계적으로도 논란은 다분합니다. 대만의 인디 게임 제작사 레이아크(Rayark)는 "AI를 사용하는 것은 산업의 트렌드가 될 수 있다."고 밝히며 앞으로도 AI를 적극 활용할 것임을 밝혔습니다. 반대로 중국의 게임 개발/배급사 텐센트(Tencent)는 퍼즐 게임 '백야극광(Alchemy Stars)'의 논란으로 AI를 사용하지 않겠다고 밝힌 상태입니다.

일본의 경우 AI를 사용한 이미지 생성 자체는 문제가 없지만, 로라와 같은 전이학습으로 특정 작가 그림체를 무단 도용하여 상업적으로 이용한 것은 불법이라는 것을 명시했습니다.

앞으로 계속해서 생성 AI는 발전할 것이 분명합니다. 하지만 사진의 등장처럼 새로운 예술 분야가 될지, 아니면 예술로 인정받지 못하고 하나의 도구로 전락할지는 이를 소비하는 소비자, 독자 및 제작자들 사이에서 많은 논의가 진행될 것으로 보입니다.

CHAPTER 02
생성형 AI, 거대한 변화의 물결

생성형 AI의
발전과 미래

뛰어난 성능의 AI를 효과적으로 활용하기 위해 가장 중요한 것은 역설적이게도 사람입니다. 이미지 생성 AI가 전문가 수준의 그림을 몇 초 만에 여러 장 만들더라도 어떤 이미지를 만들지, 가장 알맞은 이미지는 무엇인지 선택하는 것은 사람의 일이기 때문입니다.

누군가는 본인의 업무와 작업에 AI를 적극적으로 활용할 것이고, 누군가는 AI의 사용을 완전히 배제하거나 최소한으로만 적용할 수도 있습니다. 하지만 앞으로 AI 없이 작업하는 것은 효율 측면에서 큰 차이를 가져올 것입니다. 이번 LESSON에서는 AI가 어떤 변화를 만들고 있고, 이러한 흐름 속에서 우리는 어떤 것을 취할 수 있을지 알아보겠습니다.

따라잡을 수 없는 AI의 발전 속도

AI 커뮤니티와 업계에서는 매일 "또 새로운 게 나왔어?"라는 말이 일상이 될 정도로 새로운 소식이 쏟아지고 있습니다. 불과 며칠 전에는 상상에 불과했던 작업이 얼마 지나지 않아 실제로 구현되는 세상입니다.

스테이블 디퓨전은 출시 후 5일 동안 해당 모델을 활용해 이미지에서 이미지를 만드는 img2img, 프롬프트 검색엔진 Lexica Art, 콜라주 메이커 Artbreeder Collage, 포토샵 플러그인 Alphaca, 애니메이션 및 동영상 생성 서비스가 등장했습니다.

날짜	사건
8/22 (출시)	공식 오픈 및 Colab, Gradio UI 등 부가 서비스 오픈
8/23 (1일차)	img2img, Image Interpolation 등
8/24 (2일차)	Stable Diffusion animations, Figma plugin, Lexica Art 등
8/25 (3일차)	Alphaca(Photoshop integration) 등
8/26 (4일차)	Stable Diffusion with video 등

어떻게 이렇게 놀라운 속도로 발전이 가능한 이유에는 엄청난 규모의 투자, 뛰어난 AI 연구 인력이 투입되기 때문입니다. 하지만 무엇보다도 AI 분야는 누구나 참여해 기존 서비스를 개선, 공유하는 문화인 오픈 소스 문화가 정착된 것이 가장 큰 이유가 아닐까 합니다.

국내외 대학, 기업, 연구소 등 다양한 AI 연구진은 매년 만 편이 넘는 논문을 발표하고 이와 관련된 프로그램 코드를 모두가 사용할 수 있도록 공유합니다. 또 많은 AI 개발자는 다른 개발자가 필요에 맞게 코드를 활용, 수정할 수 있는 서비스인 깃허브(GitHub)에 코드를 공유합니다. 그러면 이를 바탕으로 연구를 진행하거나 활용해 개선, 발전하는 선순환 구조가 구축되어 있습니다.

▲ 깃허브에서 'stable diffusion'으로 검색한 결과, 약 7,300개의 관련 공유 프로젝트를 확인할 수 있습니다.

일반인에겐 딱딱하게 느껴질 수 있는 학회지, 논문이 AI 발전에 있어 핵심 신기술을 발표하는 전시회이자 잡지의 역할을 대신하고 있습니다. 논문을 통해 새로운 기술을 가감 없이 공개하는 문화도 AI 분야의 성장을 더욱 가속하고 있습니다.

각종 AI 기술에 대한 논문이 발표되는 세계 최고의 AI 학회인 NeurIPS, ICML, CVPR에 매년 제출되는 논문만 약 3만 편에 이르고, 약 7천 편 가량의 논문이 게재됩니다. 이 외에도 SIGGRAPH, ECCV, ICCV, AAAI와 같은 유수의 학회가 존재합니다. 이들도 매년 수천 편의 혁신적인 논문이 게재됩니다.

학회 이름	NeurIPS	ICML	CVPR
논문 제출 수 (편)	12,343	6,538	9,155
게재되는 논문 수 (편)	3,218	1,827	2,360

▲ 2023년 한 해에 AI 학회에 제출/게재된 논문 수

구글, 스탠포드대학교, 카이스트 등 전세계 수많은 대학, 기업의 연구진들은 지금까지 발표된 AI 기술에서 문제점을 찾아 이를 해결할 수 있는 방식을 연구하고,

새로운 서비스를 개발하기도 합니다. 이렇게 연구하고 개발한 결과를 학회에서 발표하고 공유하며 아이디어를 얻어 AI 기술을 더욱 발전시켜 나가고 있습니다. 수많은 논문 중 가까운 미래에 우리가 사용하게 될 유용한 AI 기능도 알아보겠습니다.

발전 중인 생성형 AI 연구 사례

대표적인 연구 사례 중 하나는 앞선 CHAPTER에서 소개한 컨트롤넷(ControlNet)입니다. 프롬프트에 원하는 구도와 특징을 이미지로 입력해 생성하는 멀티모달 방식을 사용하기 위한 연구는 꽤 활발히 진행되고 있습니다.

미국 스탠포드 연구진은 ICCV 2023에서 현재 이미지 생성 AI의 동작 방식처럼 프롬프트만 사용하는 것이 아니라 사물의 구도, 인물의 자세를 이미지로 입력해 처리하는 컨트롤넷 AI를 소개했습니다. 가까운 미래에는 텍스트 프롬프트 엔지니어

▲ ICCV 2023 학회에 발표된 컨트롤넷[1]

---

1   Xuan Ju, Ailing Zeng, Chenchen Zhao, Jianan Wang, Lei Zhang, Qiang Xu; Proceedings of the IEEE/CVF International Conference on Computer Vision (ICCV), 2023, pp. 15988–15998

링은 물론이고 이미지를 직접 추가해 직관적으로 이미지를 생성할 수 있는 기술도 본격적으로 상용화될 것입니다.

학회와 논문에서는 현재 AI에 문제가 되는 부분의 성능을 개선하는 연구도 진행합니다. 예를 들어 프롬프트에 '고양이', '나비'와 같은 두 개 이상의 키워드가 입력될 경우 간혹 두 키워드 중 하나만 반영하는 문제가 있었습니다. 이스라엘의 텔아비브대학교의 연구진은 이를 해결하기 위해 기존 이미지 생성 AI에 개별 오브젝트 키워드를 정확하게 반영하는 'Attention-and-Excite'라는 기능을 발표했습니다. 이를 사용하면 "A horse and a dog(한 마리의 말과 한 마리의 개)"라는 프롬프트를 입력할 시 'horse(말)'만 생성하는 것이 아니라 'horse(말)'와 'dog(개)'가 정확히 포함된 이미지가 생성됩니다.

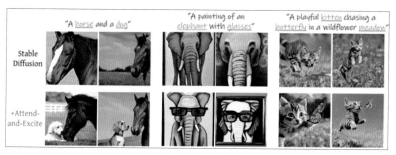

▲ SIGGRAPH 2023 학회에 발표된 이스라엘 텔아비브대학 연구팀 논문 Attention-and-Excite[2]

새로운 모델과 기능을 일반 사용자가 어떻게 하면 쉽게 사용하게 할지에 대한 내용도 관심을 받고 있습니다. 이미지 생성 AI가 많은 분야에 사용되고 있다고 하지만 일반 사용자가 AI를 사용하기 위해서는 생각보다 복잡한 과정이 필요합니다.

---

2 Hila Chefer, Yuval Alaluf, Yael Vinker, Lior Wolf, Daniel Cohen-Or, Attend-and-Excite: Attention-Based Semantic Guidance for Text-to-Image Diffusion Models, Tel Aviv University, SIGGRAPH 2023, 출처 : https://yuval-alaluf.github.io/Attend-and-Excite/

스테이블 디퓨전의 경우 이미지를 생성하기 위해서는 직접 코드를 작성해야 합니다. 반면 홈페이지를 통해 사용할 수 있는 달리와 디스코드를 통해 사용할 수 있는 미드저니는 사용자가 복잡한 코드를 작성하지 않도록 사용자 친화적인 인터페이스를 제공합니다.

하지만 인터페이스를 사용해 이미지를 생성하는 기술은 제한된 기능만 제공합니다. 스테이플 디퓨전도 Web UI 기술이 개발되고 있지만, 아직 일반 사용자가 사용하기에는 제약이 많습니다. 따라서 사용자에게 최신 기술을 효과적으로 서비스할 수 있을지에 대한 연구도 중요하게 다뤄지고 있습니다.

3D 디자인 도구인 오토캐드(AutoCAD)로 유명한 미국 오토데스크(AutoDesk) 연구팀은 '3DALL-E'라는 논문을 발표했습니다. 3차원 작업에 이미지 생성 AI를 접목할 때 사용자들이 어떤 어려움을 겪고 어떤 기능이 필요할지, 프롬프트 엔지니어링과 개별 물체 작업에 대한 아이디어를 제시하는 논문이었습니다.

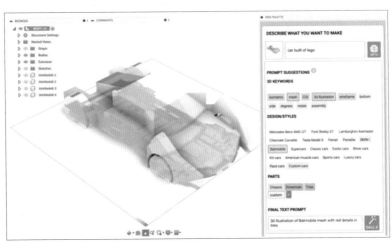

▲ DIS 2023 학회에 발표된 오토데스크 연구팀 논문 '3DALL-E'[3]

---

3 Vivian Liu, Jo Vermeulen, George Fitzmaurice, Justin Matejka, 3DALL-E: IntegratingText-to-ImageAlin3DDesignWorkflows, DIS '23: Proceedings of the 2023 ACM Designing Interactive Systems ConferenceJuly 2023 Pages 1955-1977, 출처 : https://dl.acm.org/doi/abs/10.1145/3563657.3596098

텍스트로 3차원 모델을 생성하거나 영상을 만드는 기술 확장 연구도 활발하게 진행되고 있습니다. 2차원 이미지가 상용 가능한 수준을 보여주면서 다른 분야의 연구도 큰 관심을 받으며 투자가 이루어지고 있습니다.

이미지, 영상, 게임 그리고 AI 기술의 핵심 부품인 GPU를 제조하는 엔비디아 연구팀은 CVPR 2023에서 프롬프트로 3차원 모델을 만드는 'Magic3D' AI를 발표했습니다. 평면 이미지에서 3차원 모델 구조를 인식하는 이 기술은 상대적으로 작업 시간이 오래 걸리는 3차원 모델링 과정에 매우 효과적일 것으로 보입니다.

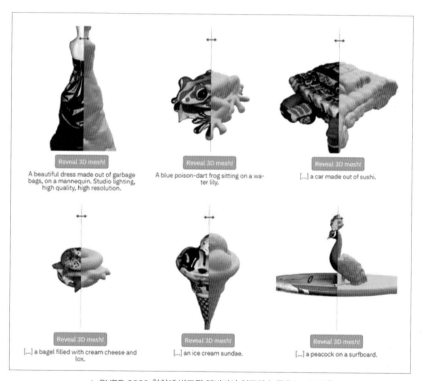

▲ CVPR 2023 학회에 발표된 엔비디아 연구팀 논문 'Magic3D'[4]

4 Chen-Hsuan Lin, Jun Gao, Luming Tang, Towaki Takikawa, Xiaohui Zeng, Xun Huang, Karsten Kreis, Sanja Fidler, Ming-Yu Liu, Tsung-Yi Lin; Proceedings of the IEEE/CVF Conference on Computer Vision and Pattern Recognition (CVPR), Magic3D: High-Resolution Text-to-3D Content Creation, 2023, pp. 300-309

지금까지 2023년 발표된 만 편 이상의 논문 중 단 4편의 논문을 둘러보았습니다. 매일 300개의 AI 관련 소식 중 4편만 살펴보았는데도 앞으로 어떤 AI 기술이 상용화될지 조금은 이해가 갈 것입니다.

AI를 활용하는 것은 이제 정말 거스를 수 없는 물결처럼 느껴집니다. 이러한 상황 속에서 3년 그리고 5년 뒤의 평범한 작업 과정이 어떻게 바뀔까요? 현재 우리는 AI라는 새로운 물결 속에서 새로운 미래를 만들 수 있는 기회의 순간에 있다는 것을 잊지 말아야 합니다.

더욱 자연스러워질 AI와의 동행

2023년은 AI가 드디어 인간 수준을 뛰어넘었다는 점에서 상당히 기념비적인 해입니다. 2016년 알파고가 이세돌을 이겼을 때만 해도 AI가 우리의 삶을 곧바로 변화시킬 것 같은 분위기였지만 당시에는 일부 분야만 접목되었을 뿐 AI가 삶에 큰 영향을 미친다고 느끼기 힘들었습니다.

2016년 이후로도 한 해에 만 편 이상의 논문이 나왔지만 결과적으로 사람 수준에 미치지 못했습니다. AI는 여전히 부족한 점이 많았고 인간을 대체하기는 오래 걸릴 것만 같았습니다. 그렇기에 AI는 연구실과 기업의 연구 수준에 머무르고 일반인들은 아주 단순한 형태의 서비스만 간접적으로 접할 수 있었습니다.

하지만 연구가 급속도로 진행되며 성능이 매년 빠르게 향상되면서 2022년과 2023년에 이르러서는 인간 이상의 성능을 보여주는 AI가 속속 등장하기 시작했습니다. 2023년 중순부터 나오는 연구 결과는 대부분 인간 이상의 성능을 보여주고, 바로 우리의 삶과 작업에 활용 가능한 수준입니다. 여기에 AI와 상호 접목 가능한 기술들이 속속 개발되면서 매년 수천 개의 새로운 AI 기술, 서비스를 사용하게 될 날이 멀지 않았습니다.

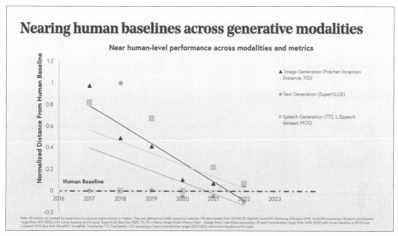

▲ 인간과 비슷한 혹은 더 뛰어난 성능까지 온 생성형 AI[5]

단적으로 이미지 생성 AI 중 가장 먼저 출시된 달리의 변화를 비교해보겠습니다. 2021년 달리1 출시 당시 공개된 결과물을 보면 수준이 낮아 상용화하기에는 적합하지 않았습니다. 즉, 2021년까지는 사람 수준에 미치지 못했고 많은 사람들이 신기한 기술이긴 하지만 아직 갈 길이 멀다고 판단했습니다. 하지만 앞서 PART 01의 달리3에서 확인한 것처럼 정말 엄청난 속도로 발전했습니다.

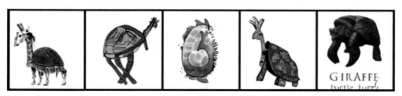

▲ OpenAI에서 공개한 달리1 공식 결과물

5 Talia Goldberg, Elliott Robinson, Kate Walker, Janelle Teng, 'Roadmap: The rise of synthetic media', Bessemer Venture Partners, 출처 : https://www.bvp.com/atlas/roadmap-the-rise-of-synthetic-media?utm_source=email&utm_medium=organic&utm_campaign=roadmap-the-rise-of-synthetic-media

그로부터 불과 2년이 지난 2023년 9월 22일 출시된 달리3는 수준 높은 결과물을 보여줄 뿐 아니라 이미지 생성 AI가 어려워하는 텍스트나 사람의 손도 정확하게 생성하고 있습니다. 이제 프롬프트 엔지니어링을 통해 정확하게 생성된 이미지는 전문가가 작업한 그림과 비교해도 손색이 없을 수준입니다. 게다가 챗GPT에 달리3가 탑재되면서 여러 가지 AI 기능을 통합해서 사용할 수 있게 되었습니다.

▲ OpenAI에서 공개한 달리3 공식 결과물

▲ 챗GPT에 탑재된 달리3

달리와 챗GPT 등의 성공 사례가 등장하면서 세계적인 빅테크 기업들은 공격적으로 자체 AI를 만들기 위한 투자를 진행하고 있습니다. 맥킨지에서 발표한 보고서에 따르면 OpenAI와 OpenAI의 대주주 마이크로소프트, 메타(구 페이스북), 구글은 문자, 이미지, 음성, 3차원 모델, 영상, 단백질 구조 분석 등 활용 가능한 거의 모든 범위에서 자체 AI를 이미 개발했거나 개발 중에 있습니다. 이외에도 아마존, 애플, 엔비디아, 테슬라도 자체 AI를 개발하고 있습니다.

빅테크 출신의 창업자로 이루어진 스태빌리티 AI, 코히어(Cohere), 앤트로픽(Anthropic), AI21 등 유니콘 기업도 엄청난 투자를 받으며 AI의 발전의 속도를 높이고 있습니다. 기업과 투자자들은 생성형 AI가 미래를 혁신할 핵심 기술이라고 생각하고 있기 때문에 앞으로도 이런 공격적인 투자와 연구를 지속할 것입니다.

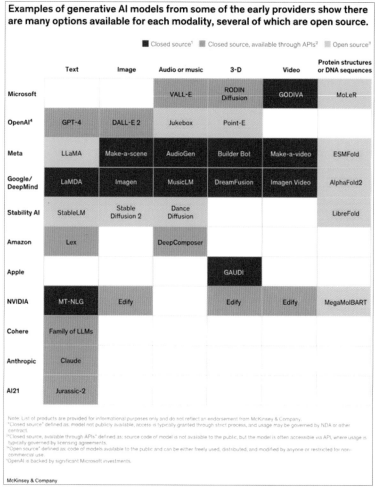

▲ 맥킨지가 발표한 각 기업의 생성형 AI 개발 현황[6]

6　QuantumBlack AI by McKinsey, "Exploring opportunities in the generative AI value chain", April 26, 2023,
　　출처 : https://www.mckinsey.com/capabilities/quantumblack/our-insights/exploring-opportunities-in-
　　the-generative-ai-value-chain

CB인사이트에 따르면 2023년 한 해에만 생성형 AI 회사들에 무려 18조 원 규모의 투자가 진행되었습니다. 수많은 투자자들은 왜 이렇게 천문학적인 규모의 돈을 생성형 AI를 활용한 스타트업에 투자하는 것일까요? 도대체 이렇게 천문학적인 규모의 투자를 통해 어떤 세상을 만들고자 하는 것일까요?

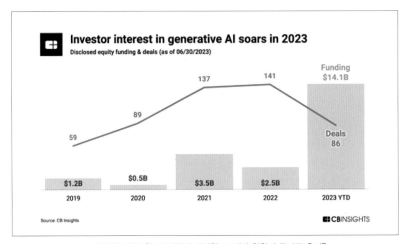

▲ 맥킨지가 발표한 각 기업의 생성형 AI 개발 현황과 투자금 추이[7]

2024년은 본격적으로 상용화된 서비스를 제외하면 AI 개발 초기 단계의 회사가 많은 상태입니다. 따라서 어떤 회사가 어떤 서비스를 준비하고 있는지 정확히 알기는 힘듭니다. 하지만 실리콘 밸리의 대표적인 벤처캐피탈 기업인 세콰이어 캐피탈(Sequoia Capital Operation LLC)이 정리한 생성 AI 시장 지도(The Generative AI Market Map)를 통해 현재 투자가 이루어진은 스타트업 기업과 진행 내용을 확인할 수 있습니다.

다음 도표에는 이름을 아는 기업도 있고, 처음 보는 기업도 있을 것입니다. 중요

---

7 QuantumBlack AI by McKinsey, "Exploring opportunities in the generative AI value chain", April 26, 2023.
   출처 : https://www.mckinsey.com/capabilities/quantumblack/our-insights/exploring-opportunities-in-
   the-generative-ai-value-chain

한 것은 현재 이렇게 많은 기업이 생성형 AI를 활용한 새로운 서비스를 준비하고 있다는 점, 엄청난 규모의 투자를 받고 인재를 모으며 세상을 변화시키고 있다는 것입니다.

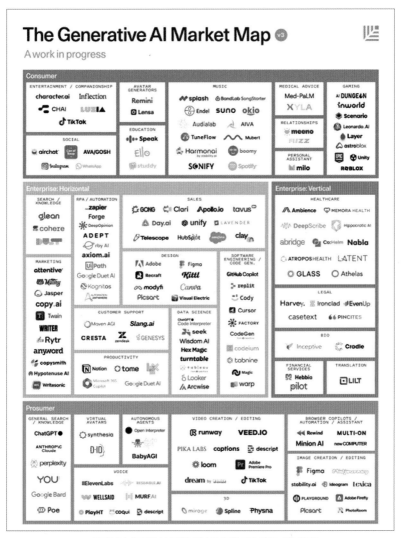

▲ 세콰이어 캐피탈이 분석한 생성 AI 활용 기업 정리 개요 지도[8]

---

8 SONYA HUANG, PAT GRADY, AND GPT-4, "Generative AI's Act Two", SEPTEMBER 20, 2023, 출처 : https://www.sequoiacap.com/article/generative-ai-act-two/https://www.sequoiacap.com/article/generative-ai-act-two/

책을 마무리하면서 이미지 생성 AI, 나아가 생성형 AI가 미래에 어떤 모습으로 우리에게 다가올지 알아보았습니다. AI가 이미 인간의 능력을 뛰어넘을 수 있다는 것이 증명되었고, 이를 위해 천문학적인 규모의 투자도 진행되고 있습니다. 수많은 기업들이 조용히 자신만의 서비스를 준비하며 우리의 삶에 큰 영향을 미칠 것은 그리 먼 미래가 아닙니다.

5년 뒤 우리의 삶은 어떻게 변해 있을지 기대도, 우려도 됩니다. 당장 1년 뒤도 불확실하게 느껴지는 사람도 있을 것입니다. 스마트폰이 없는 삶을 상상할 수 없듯, 언젠가는 생성형 AI가 없는 세상을 상상할 수 없을 날도 올 것입니다. 이런 변화의 물결에서 프롬프트 엔지니어링, 생성 AI를 활용하는 것은 다가올 미래를 대비하며 현재 할 수 있는 가장 중요한 능력이라고 생각합니다.

부록

미드저니 프롬프트
완벽 가이드

미드저니 프롬프트 이해하기

미드저니의 프롬프트란

프롬프트(Prompt)는 미드저니를 비롯한 이미지 생성 AI가 이미지를 생성하기 위해 필요로 하는 문장을 의미합니다. AI는 프롬프트를 문장, 단어를 쪼개 토큰(Token)이라는 더 작은 단위로 만듭니다. 토큰은 기존에 학습된 데이터와 비교하여 이미지를 생성하는 데 사용합니다.

책의 앞에서는 프롬프트 엔지니어링을 통해 AI가 이미지를 좀 더 잘 생성하는 방법을 알아보았습니다. 하지만 프롬프트 엔지니어링만으로는 특정 사물이 만들어지지 않기도 하고 이미지를 혼합하는 것도 어렵습니다. 사람 입장에서는 AI가 프롬프트를 어떻게 이해하는지 파악하기 힘듭니다. 이런 복잡한 작업을 위해 미드저니에서는 다양한 커맨드, 파라미터, 도구를 제공합니다.

커맨드, 파라미터, 도구 알아보기

디스코드의 미드저니 서버에서 메시지 입력란에 '/'(슬래시)를 입력하면 이미지를 생성하는 /imagine 커맨드 외에 사용자 정보를 확인하는 /info, 프롬프트를 분석하는 /shorten 등 여러 커맨드가 존재하는 것을 확인할 수 있습니다. 이처럼 /(슬래시)를 입력한 후 선택할 수 있는 기능을 커맨드(Command, 명령어)라고 합니다.

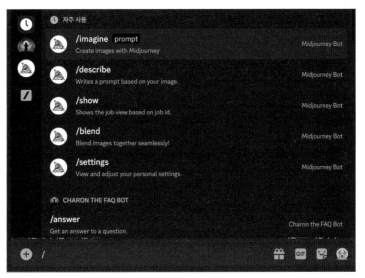

▲ /(슬래시)를 입력하면 나타나는 미드저니의 다양한 커맨드 목록

이미지의 크기를 미리 지정할 때 **--ar 16:9**와 같은 내용을 프롬프트에 추가했던 것을 기억할 것입니다. 이렇게 대시 두 개(--)를 포함하는 것을 파라미터(Parameter)라고 부릅니다. 이미지를 생성할 때 이미지 비율과 품질 등 프롬프트로

직접 지정하기 어려운 작업 정보를 추가로 설정하는 일종의 변수입니다.

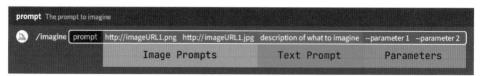

▲ 미드저니의 프롬프트 구조. 이미지 프롬프트, 텍스트 프롬프트, 파라미터 순서로 구성됩니다.

이미지 생성이 완료되면 이미지 하단에 여러 버튼(컴포넌트)이 나타납니다. 이는 도구(Tool)로 생성된 이미지에 추가 작업을 할 수 있도록 하는 기능입니다. 각각의 커맨드, 파라미터, 도구 내용을 차근차근 알아보겠습니다.

▲ 미드저니의 가장 기본적인 도구 모음

프롬프트의 구조

프롬프트의 기본 구조는 '텍스트 프롬프트'입니다. 이미지를 생성하는 가장 단순한 방법으로 단순한 단어, 문장, 심지어 이모지를 통해 원하는 이미지에 대한 내용을 입력할 수 있습니다.

▲ 가장 기본적인 텍스트 프롬프트

텍스트 형식의 이미지 설명은 물론 프롬프트에 링크 형식의 '이미지 프롬프트', 앞서 살펴본 '파라미터' 등 다양한 정보를 작성할 수 있습니다. 이를 통해 단순한 텍스트 프롬프트를 넘어 더욱 자세하고 퀄리티 높은 이미지 생성이 가능합니다.

▲ 미드저니의 프롬프트 구조

◆ **이미지 프롬프트(Image Prompt) :** 이미지를 생성할 때 원하는 스타일, 혹은 원본으로 사용할 이미지가 있는 경우 이미지의 링크를 추가해 반영할 수 있습니다. 이미지 링크는 프롬프트 맨 앞에 위치합니다.

◆ **텍스트 프롬프트(Text Prompt) :** 어떤 이미지를 생성할지에 대한 설명을 입력합니다.

◆ **파라미터(Parameter) :** 파라미터를 통해 이미지 비율, 생성되지 않길 바라는 키

워드, 작업 퀄리티 등 이미지가 어떻게 생성되는지 세부적인 정보를 조정할 수 있습니다. 파라미터는 프롬프트 맨 뒤에 대시 두 개(--)와 함께 입력합니다. 자세한 내용은 파라미터 부분에서 알아보겠습니다.

프롬프트 입력 시 참고하면 좋은 내용

◆ **프롬프트 길이 :** 프롬프트는 단어 한 개, 혹은 이모지 하나만으로도 이미지를 생성할 수 있습니다. 하지만 프롬프트는 짧다면 미드저니에 내장된 기본 스타일에 의존할 가능성이 높아집니다. 따라서 독특하고 개성 있는 본인만의 결과물을 만들고 싶다면 프롬프트를 자세히 입력하는 것이 좋습니다.

> **TIP** 프롬프트는 '자세히', '구체적'으로 쓰는 것이 중요하지, 길다고 무조건 좋은 것은 아닙니다. 본인이 만들고 싶은 이미지의 메인 콘셉트, 분위기, 스타일, 인물 혹은 사물에 집중해 입력하는 것이 좋습니다.

◆ **프롬프트가 이해하는 문법 :** AI는 사람의 문법, 문장 구조를 이해하지 못합니다. 앞서 말씀드린 것처럼 AI는 문장을 단어, 토큰 단위로 쪼개어 상호적인 관계, 가중치로 인식하기 때문에 단어 선택은 늘 중요합니다. 구체적인 동의어를 적는 것을 권장합니다.

예를 들어, 똑같이 '크다'는 의미의 영단어 중 추상적인 'Big'보다 'Gigantic, Enormous, Immense'라는 단어를 적는 것이 좋습니다. 영어는 약간의 뉘앙스 차이가 있기 때문입니다. 대체적으로 'Gigantic〉Enormous〉Immense' 순서로 크기가 조금씩 다르게 이해됩니다. 또 되도록이면 불필요한 단어는 지우는 것이 좋습니다. 단어의 수가 적을수록 단어는 더 강력한 영향을 주기 때문입니다.

> **TIP** 미드저니 AI는 기호에 완전히 의존하지는 않기 때문에 작은따옴표(''), 콜론(:), 중괄호([]), 대시(–) 등을 사용해 여러분의 생각을 정리하는 것도 좋습니다. 미드저니에서는 대소문자를 구분하지 않습니다.

TIP AI가 발전할수록 인간이 사용하는 문장 구조, 단어에 대한 해석 능력은 점차 향상되고 있습니다. 예를 들어, 미드저니 모델 버전4보다 버전5가 일반적인 문장 구조에 대한 해석 능력이 높습니다.

◆ **구체적인 프롬프트 작성 :** 프롬프트는 가급적 구체적으로 입력해야 합니다. 다만 원하는 방향에 따라 무작위적인 결과물을 생성하기 위해 모호하게 입력하는 경우도 있습니다. 그래도 되도록이면 본인에게 중요한 맥락이나 디테일을 명확하게 입력하는 것이 중요합니다. 주로 고려해야 할 사항은 다음과 같습니다.

- ◆ **주체(대상)** | 사람, 동물, 캐릭터, 장소, 사물, …
- ◆ **재료** | 사진, 그림, 일러스트레이션, 조각, 낙서, 유화, …
- ◆ **환경** | 내부, 외부, 달, 나니아, 바닷속, 에메랄드 도시, …
- ◆ **빛** | 부드러운, 네온, 스튜디오 빛, 자연광, …
- ◆ **색** | 뮤트, 밝은, 모노톤의, 컬러풀한, 흑백, 파스텔, …
- ◆ **분위기** | 활기찬, 차분한, 에너지 넘치는, …
- ◆ **구도** | 클로즈업, 버드아이 뷰, 헤드숏, 정면, …

이미지 프롬프트

작업의 구성, 스타일, 색상에 반영하기 위해 프롬프트에 이미지를 사용하는 방법입니다. 이미지 프롬프트는 단독으로 사용할 수 있지만 가급적 텍스트 프롬프트와 함께 사용합니다. 이미지 프롬프트는 프롬프트 맨 앞에 URL 형식으로 입력합니다. 이미지 URL은 단독 이미지 파일로 확장자는 png, gif, webp, jpeg 형식이 지원됩니다. 프롬프트에 이미지를 추가하려면 **/imagine**을 입력한 후 프롬프트 상자에 URL을 추가하면 됩니다.

스마트폰 혹은 컴퓨터에 있는 이미지의 경우 미드저니 봇에 메시지를 보내듯 업로드해 링크를 생성할 수 있습니다. 이미지를 업로드해 활용하는 방법은 115쪽을 참고합니다.

TIP 이미지를 업로드할 땐 다른 사용자가 이미지를 볼 수 없도록 업로드하는 것을 추천합니다. 단, 사용자가 스텔스 모드를 사용하지 않는 한, 업로드 후 생성한 이미지가 미드저니 웹사이트에 나타날 수 있습니다.

이미지 가중치의 척도, 파라미터

프롬프트의 이미지와 텍스트의 가중치를 조정하려면 --iw 파라미터를 사용합니다. 사용하지 않는 경우 기본값(1)이 사용되며, 값이 높을수록 최종 결과물에 더 많은 영향을 줍니다. 미드저니의 버전 모델마다 이미지 가중치 범위가 다릅니다. 가중치는 0.5에서 2 사이에서 설정할 수 있습니다.

	Version 5	Version 4	niji 5
Image Weight Default	1	NA	1
Image Weight Range	0-2	NA	0-2

▲ 이미지 가중치 척도 파라미터는 버전 5 모델부터 사용할 수 있습니다.

TIP niji 5 모델은 애니메이션 스타일 이미지 생성에 특화된 '니지저니' 서비스입니다. 자세한 내용은 https://nijijourney.com/ko/ 웹페이지를 참고합니다.

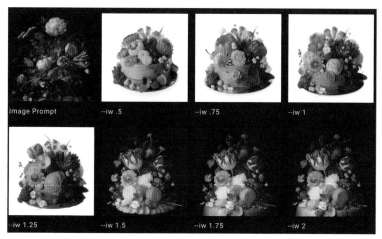

▲ 꽃 사진을 '생일 케이크'로 만들 때 원본 이미지의 가중치에 따른 변화

No 파라미터

No 파라미터는 이미지에 포함하고 싶지 않은 설정하는 파라미터입니다. --no 파라미터는 콤마(,)와 함께 여러 항목을 포함할 수 있습니다.

▲ (왼쪽) 정물 과슈화 이미지와 (오른쪽) 과일을 제외(no fruit)한 정물화

예시의 결과물을 확인해보면 같은 과슈(도료) 정물화 프롬프트지만 '--no fruit' 파라미터가 추가된 프롬프트는 과일이 적게 나오거나 제외된 것을 확인할 수 있습니다. 해당 파라미터는 '--no 아이템1, 아이템2, 아이템3'과 같은 방식으로 입력합니다.

> **NOTE** **프롬프트에 Don't를 입력하면 어떻게 될까?**
>
> 미드저니 AI는 프롬프트에 입력된 내용을 단어-토큰 단위로 분석하므로, 프롬프트에 입력된 '사물'에 대한 이미지가 최종 이미지에 포함될 수 있습니다. 따라서 'Still life gouache painting without any fruit(과슈 정물화에 어떤 과일도 포함하지 않습니다)'나 'Still life gouache painting don't add fruit!(과슈 정물화에 과일을 추가하지 마십시오)'와 같은 프롬프트는 최종 이미지에 과일이 포함될 확률이 높습니다.
>
> AI는 'Without(제외하고)', 'Don't(하지 않음)'와 '과일' 사이의 관계를 인간과 동일한 방식으로 해석하지 않기 때문에 과일이 포함된 그림을 생성할 가능성이 더 높습니다. 제외하고 싶은 요소나 항목이 있다면 '--no' 파라미터를 활용해 포함하고 싶지 않은 내용을 명확하게 지정합니다.

프롬프트 분석하기

미드저니와 같은 AI는 사람과 사고하는 과정이 다릅니다. 따라서 원하는 스타일, 사물을 어떻게 입력해야 원하는 이미지를 만들 수 있을지, 어떤 프롬프트가 최선의 결과물인지 미리 알아내는 것은 어렵습니다. 이때는 프롬프트 작성에 도움을 주는 커맨드를 활용하면 됩니다. 미드저니에는 이미지를 업로드하고 해당 이미지와 유사한 이미지를 생성할 수 있는 프롬프트를 알려주는 describe 커맨드, 프롬프트의 효율성을 분석해주는 shorten 커맨드를 제공합니다. 해당 내용은 커맨드 부분에서 자세히 알아보겠습니다.

미드저니의 커맨드 알아보기

미드저니의 커맨드 목록

미드저니 봇과 소통하기 위해서는 디스코드에 첫 키워드로 슬래시(/)와 함께 커맨드를 입력해야 합니다. 커맨드는 이미지를 생성하고, 설정을 변경하고, 사용자 정보를 확인하는 등 유용한 작업을 위해 사용됩니다.

◆ **/ask** | 미드저니 사용 중 질문에 대한 대답을 얻을 때 사용합니다.
◆ **/blend** | 두 개의 이미지를 혼합하는 작업에 사용합니다.
◆ **/daily_theme** | #daily_theme 채널 업데이트에 대한 알림을 전환합니다.
◆ **/docs** | 공식 미드저니 디스코드 서버의 사용자 가이드 링크를 빠르게 확인할 때 사용합니다.
◆ **/faq** | 공식 미드저니 디스코드 서버에서 FAQ 채널에 대한 링크를 빠르게 확인할 때 사용합니다.

- ◆ **/fast** | 패스트 모드(빠른 생성 모드)로 변경합니다.
- ◆ **/help** | 미드저니 봇에 대한 도움이 되는 기본적인 정보와 팁을 확인합니다.
- ◆ **/imagine** | 프롬프트를 사용하여 이미지를 생성할 때 사용합니다.
- ◆ **/info** | 본인 계정에 대한 정보, 진행중인 작업에 대한 정보를 확인합니다.
- ◆ **/public** | (Pro Plan 구독자 한정) 퍼블릭 모드(Public mode)로 변경합니다.
- ◆ **/stealth** | (Pro Plan 구독자 한정) 스텔스 모드(Stealth mode)로 변경합니다.
- ◆ **/subscribe** | 사용자의 구독을 위한 개인 링크를 생성해줍니다.
- ◆ **/settings** | 미드저니 봇 환경설정을 보고 변경할 수 있습니다.
- ◆ **/prefer option** | 커스텀 옵션을 만들거나 관리할 수 있습니다.
- ◆ **/prefer option list** | 현재 본인의 커스텀 옵션을 볼 수 있습니다.
- ◆ **/show** | 이미지 작업 ID를 사용해 디스코드 내에서 작업을 재생성하는 데 사용합니다.
- ◆ **/relax** | 릴렉스 모드로 전환합니다.
- ◆ **/remix** | 리믹스 모드로 전환합니다.

Blend 커맨드

업로드한 두 개 이상, 다섯 개 이하의 이미지를 하나의 이미지로 융합하여 독창적인 이미지를 생성합니다. 예시에서는 딸기 이미지와 흰 토끼 이미지를 준비했습니다.

/blend를 입력하고 두 개의 이미지를 주소를 같이 입력합니다. Enter 를 눌러 작업을 진행하면, 두 이미지가 융합된 새 이미지가 네 개 생성됩니다.

Describe 커맨드

해당 커맨드와 사용자가 업로드한 이미지, 링크를 같이 입력하면 해당 이미지와 유사한 이미지를 생성할 수 있는 프롬프트 네 개를 생성하는 기능입니다. 사용자가 만들고자 하는 스타일의 이미지에서 적합한 프롬프트를 유추하기 어려운 경우 도움을 받을 수 있습니다.

/describe 프롬프트 상자 안에 이미지를 업로드하거나 링크를 첨부하여 사용합

니다. 다음 예시는 **/describe** 커맨드를 입력하고 이미지를 활용해 적합한 프롬프트를 찾는 방법입니다.

네 개의 프롬프트를 생성됩니다. 생성된 프롬프트 중 세 번째 프롬프트를 **/imagine** 커맨드와 입력하면 비슷한 이미지가 생성된 것을 확인할 수 있습니다. 완전히 동일한 이미지는 아니지만 매우 유사한 것을 확인할 수 있습니다.

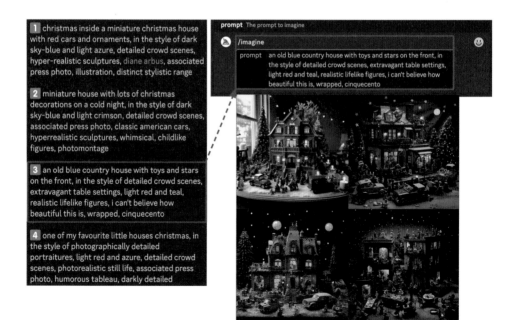

User Info 커맨드

사용자의 구독 정보, 작동 모드, 리뉴얼 날짜 등의 정보를 확인할 수 있는 커맨드입니다. 왼쪽 그림은 디스코드에 **/info**를 입력했을 때 등장하는 정보입니다. 각각의 항목은 다음과 같은 내용입니다.

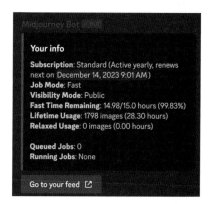

- ◆ **Subscription** | 사용자가 현재 구독중인 플랜과 신규 갱신 날짜를 보여줍니다.
- ◆ **Job Mode** | 현재 사용자가 패스트 모드를 사용하고 있는지 릴렉스 모드를 사용하고 있는지 보여줍니다.
- ◆ **Visibility Mode** | 사용자의 계정이 현재 퍼블릭 모드인지, 스텔스 모드인지 보여줍니다.
- ◆ **Fast Time Remaining** | 해당 월의 남은 Fast GPU 시간을 보여줍니다.
- ◆ **Lifetime/Relaxed Usage** | 현재 사용 가능한 이미지 수와 작업 시간을 보여줍니다.
- ◆ **Queued Jobs** | 생성 요청한 작업 중 대기중인 작업 수를 보여줍니다(최대 일곱 개).
- ◆ **Running Jobs** | 현재 생성 중인 작업 수를 보여줍니다(최대 세 개).

Your info 안의 정보는 사용자 자신만 볼 수 있습니다. 언제든 계정 상태와 작업 상태가 궁금하다면 해당 커맨드를 입력해보는 것을 추천합니다.

Show Jobs 커맨드

/show 커맨드를 입력하면 만들어진 이미지의 Job ID를 사용하여 새로운 서버나 채널에서 작업하거나, 기존 작업을 다시 불러와 새로운 베리에이션, 업스케일 등의 도구를 사용할 수 있습니다.

01 먼저 생성한 이미지의 Job ID, Seed 코드를 확인하는 방법을 알아보겠습니다. ❶ 생성한 이미지 오른쪽 상단에 [반응 추가하기😊]를 클릭합니다. 다양한 이모지가 나타납니다. ❷ 검색란에 **Envelope**를 입력합니다. ❸ 봉투 모양의 이모지를 클릭합니다.

02 잠시 후 디스코드 화면 왼쪽에 미드저니 아이콘으로 다이렉트 메시지(개인 메시지)가 온 것을 확인할 수 있습니다. 클릭합니다.

03 선택한 이미지와 함께 Job ID, Seed 코드가 생성된 것을 확인할 수 있습니다. Job ID 부분을 드래그해 Ctrl + C 로 복사합니다.

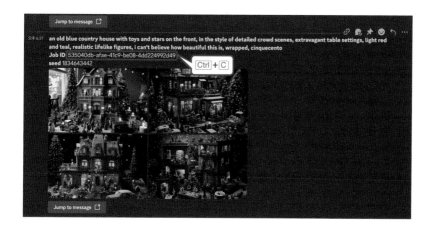

04 다시 미드저니로 돌아와서 ❶ 메시지 입력란에 **/show**를 입력하고 **03** 단계에서 복사한 Job ID를 붙여 넣습니다. ❷ Enter 를 누르면 ❸ 생성했던 결과물이 다시 등장하고 다른 도구도 사용할 수 있습니다.

Shorten 커맨드

/shorten 커맨드를 입력하면 같이 입력한 프롬프트를 분석하여 가장 영향력이 큰 단어를 강조하고 불필요한 단어는 삭제하도록 제안해줍니다. 이를 통해 프롬프트를 최적화할 수 있습니다. 단, --no 파라미터와 동시에 사용할 수 없습니다.

다음 예시는 해당 프롬프트를 활용해 생성한 이미지입니다. **/shorten** 커맨드와 함께 아래의 프롬프트를 입력해보겠습니다.

프롬프트 Please create a whimsical majestic tower of donuts, intricately crafted and adorned with a mesmerizing array of colorful sprinkles. Bring this sugary masterpiece to life, ensuring every detail is rendered in stunning magical realism. Thank you!

(정교하게 제작하고 다채로운 색상의 스프링클로 장식한 기발하고 장엄한 도넛 탑을 만들어보세요. 이 달콤한 걸작에 생명을 불어넣어 모든 디테일이 놀랍도록 마법 같은 사실감으로 표현되도록 하세요. 감사합니다!)

그러면 영향력이 큰 부분만 남기고 불필요한 단어는 삭제한 결과가 제안됩니다. 다음 예시는 각각 제안된 프롬프트를 **/imagine** 커맨드와 함께 입력해 기존 이미지와의 차이를 확인하는 과정입니다.

> **1** Please, majestic tower of donuts, crafted, array of colorful sprinkles, sugary masterpiece, rendered, magical realism (도넛의 장엄한 탑, 제작, 다채로운 뿌리의 배열, 달콤한 걸작, 렌더링, 마법의 사실주의)
>
> **2** Please, majestic tower of donuts, colorful sprinkles, sugary masterpiece, rendered, magical realism (도넛의 장엄한 탑, 화려한 뿌리, 달콤한 걸작, 렌더링, 마법의 사실주의)

3 majestic tower of donuts, colorful sprinkles, sugary, magical realism (장엄한 도넛 타워, 화려한 스프링클, 달콤하고 마법 같은 사실주의)

4 majestic tower of donuts, colorful sprinkles, magical(장엄한 도넛 타워, 화려한 스프링클, 마법 같은)

5 tower of donuts, sprinkles (도넛 타워, 스프링클)

제안된 단축 프롬프트와 실제 결과물의 차이를 비교해보면 가장 짧은 프롬프트인 'tower of donuts, sprinkles'으로도 원본과 비슷한 이미지가 만들어지는 것을 확인할 수 있습니다. 즉, tower와 sprinkles 단어가 이미지 생성 과정에서 큰 영향을 미치는 단어인 것을 확인할 수 있습니다.

이렇게 **/shorten** 커맨드를 활용해 다양한 이미지의 프롬프트를 분석하는 것도 가능합니다. 이런 과정을 통해 이미지를 만들 때 어떤 단어를 사용하는 것이 좋을지 확인할 수 있습니다.

미드저니의 파라미터 알아보기

파라미터 모아보기

프롬프트 마지막에 파라미터를 추가하면 이미지의 비율은 물론 어떤 버전의 미드저니를 사용할 것인지 등 세부적인 이미지 생성 옵션을 설정할 수 있습니다.

- ◆ **--aspect 혹은 --ar** | 생성될 이미지의 비율을 정합니다.
- ◆ **--chaos <0-100>** | 생성되는 이미지들의 차이를 0~100 사이의 값으로 설정합니다. 값이 클수록 더욱 특이하고 예상과 다른 결과를 얻을 수 있습니다.
- ◆ **--fast** | 현재 기본 모드와 상관 없이 해당 이미지를 패스트 모드로 생성합니다.
- ◆ **--iw <0-2>** | 이미지 프롬프트와 텍스트 프롬프트를 같이 사용할 경우 어떤 프롬프트에 비중을 둘 것인지 설정합니다. 기본값은 1입니다.
- ◆ **--no** | 이미지에서 특정 키워드가 생성되지 않도록 합니다.

- **--quality <.25, .5, 1>** | 생성되는 이미지의 퀄리티를 선택합니다. 1에 가까울수록 더 많은 GPU를 사용하고 생성에 더 오랜 시간이 걸립니다.
- **--relax** | 현재 기본적인 모드와 상관 없이 해당 이미지를 릴렉스 모드로 생성합니다.
- **--repeat <1-40>** | 하나의 프롬프트로 몇 번의 작업을 할지 설정합니다. 동일한 프롬프트로 여러 번 결과를 실행하고 싶을 때 유용합니다.
- **--seed <0-4294967295>** | 미드저니는 이미지를 생성할 때 특정한 초깃값인 seed를 사용합니다. 동일한 seed를 사용할 경우 비슷한 이미지가 생성될 확률이 높습니다.
- **--stop <10-100>** | 이미지가 n% 생성되기 전 원하는 단계에서 생성을 멈춥니다. 명확하지 않고 블러 처리된 이미지를 얻고 싶을 때 사용할 수 있습니다.
- **--stylize <0-1000>** | 숫자가 클수록 더 예술적인 이미지를 생성합니다. 하지만 숫자가 클수록 입력한 프롬프트를 정확하게 반영하지 않는 결과가 나올 수 있습니다. 기본값은 100입니다.
- **--tile** | 동일한 이미지를 반복하여 타일 패턴의 이미지를 만들 수 있습니다.
- **--turbo** | 기존 설정값과 상관없이 해당 이미지를 터보 모드로 생성합니다.
- **--weird <0-3000>** | 기존 결과와 다른 특이한 이미지를 얻고 싶을 때 사용합니다.

Aspect Ratios 파라미터

--aspect 혹은 --ar 파라미터를 사용하면 생성되는 이미지의 비율을 설정할 수 있습니다. 따로 이미지 비율을 설정하지 않고 이미지를 생성할 때는 1:1 비율의 정사각형 이미지가 생성됩니다. 원하는 이미지 비율이 있는 경우 4:5, 7:1, 2:3와 같이 콜론(:) 좌우로 비율을 입력하면 됩니다. 입력되는 비율은 '가로:세로'입니다. 즉, 5:4로 입력하면 가로 5, 세로 4의 가로폭이 넓은 이미지를 얻을 수 있습니다.

▲ 미드저니에서 활용할 수 있는 화면 비율의 예시(16:9, 9:16도 가능)

Chaos 파라미터

--chaos 혹은 --c 파라미터를 사용하면 생성되는 이미지 사이에 차이를 부여할 수 있습니다. chaos 값은 0~100 사이로 설정합니다. 값을 크게 설정할수록 더 특이하고 평범하지 않은 결과를 얻을 수 있습니다.

| 프롬프트 | christmas party |

(왼쪽) christmas party --c 100

(오른쪽) christmas party --c 50

▲ (왼쪽) --c 파라미터 값이 100일 때, (오른쪽) --c 파라미터 값이 50일 때

No 파라미터

--no 파라미터를 키워드와 함께 사용하면 이미지 내에서 원하지 않는 사물 등이 반영되지 않도록 설정할 수 있습니다. --no 파라미터는 콤마(,)와 함께 여러 항목을 입력할 수 있습니다. 자세한 사항은 323쪽을 참고합니다.

Quality 파라미터

--quality 혹은 --q 파라미터를 사용하면 이미지의 퀄리티(세부도)를 지정할 수 있습니다. '.25, .5, 1' 중 하나를 선택할 수 있으며, Quality의 값이 클수록 GPU를

더 많이 사용하게 되고 더 디테일한 이미지를 얻을 수 있습니다.

▲ Quality 값에 따른 결과물 차이

Repeat 파라미터

--repeat 혹은 --r 파라미터를 사용하면 하나의 프롬프트로 여러 번의 작업을 실행할 수 있습니다. 보다 많은 이미지를 한 번에 생성해보고 싶을 때 유용합니다. 1~40 중 원하는 수만큼 --r 뒤에 숫자를 입력합니다. 네 번의 생성을 원한다면 **--r 4**라고 입력합니다.

입력 후 Enter를 누르면 총 네 번의 이미지 생성을 진행할지 확인하는 메시지가 등장합니다. [Yes]를 클릭하면 작업이 시작됩니다.

네 개의 이미지가 생성 중이라는 로딩 메시지가 등장하고, 이미지 생성 작업이 개별적으로 진행되는 것을 확인할 수 있습니다.

TIP [Cancel All]을 클릭하면 모든 작업을 중지시킬 수 있습니다.

repeat 파라미터를 사용하여 한 번의 입력으로 네 개의 이미지 생성이 완료되었습니다.

Seed 파라미터

--seed 파라미터를 사용하면 이미지가 생성될 때 시작값을 고정할 수 있습니다. 동일한 프롬프트를 사용해도 결과가 다르게 나올 때는 Seed 값을 같이 입력해 유사한 이미지를 얻을 수 있습니다.

01 생성한 이미지의 Seed 값을 확인해보겠습니다. ❶ 생성한 이미지 오른쪽 상단에 [반응 추가하기☺]를 클릭합니다. 다양한 이모지가 나타납니다. ❷ 검색란에 **Envelope**를 입력합니다. ❸ 봉투 모양의 이모지를 클릭합니다.

02 잠시 후 디스코드 화면 왼쪽에 미드저니 아이콘으로 다이렉트 메시지(개인 메시지)가 온 것을 확인할 수 있습니다. 클릭합니다.

03 선택한 이미지와 함께 Job ID, Seed 코드가 생성된 것을 확인할 수 있습니다. Seed 부분을 드래그해 `Ctrl`+`C`로 복사합니다.

04 해당 seed를 프롬프트와 함께 입력하면 언제든지 생성했던 이미지를 다시 불러올 수 있습니다.

프롬프트 an old blue country house with toys and stars on the front, in the style of detailed crowd scenes, extravagant table settings, light red and teal, realistic lifelike figures, i can't believe how beautiful this is, wrapped, cinquecento --seed 1834643442

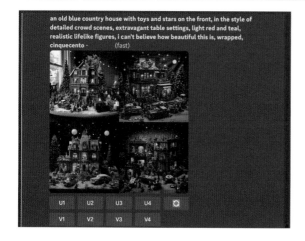

만족스러운 이미지의 프롬프트를 공유하거나 공유받을 때 seed 값을 동일하게 설정한다면 비슷한 결과로 작업을 진행할 수 있습니다.

Stop 파라미터

--stop 파라미터를 사용하면 이미지 생성 작업 중간에 생성을 멈출 수 있습니다. 뒤에 10~100 사이를 값을 지정하면 해당 값만큼의 작업 진행도(%)에서 작업을 멈춥니다. 일찍 멈출수록 디테일하지 않고 블러가 많이 포함된 이미지를 얻을 수 있습니다.

Stylize 파라미터

--stylize 혹은 --s 파라미터를 사용하면 예술적인 스타일 효과의 적용 정도를 조절할 수 있습니다. 값이 낮으면 입력한 프롬프트와 거의 일치하는 이미지가 생성되지만 예술성은 떨어집니다. 반대로 높은 값은 매우 예술적인 이미지를 생성하지만 프롬프트와의 연관성은 떨어집니다. Stylize 파라미터의 기본값은 100이며, 0~1,000 사이의 값으로 지정합니다.

| 프롬프트 | child's drawing of a rainbow cookie --stylize 0 |

프롬프트 child's drawing of a rainbow cookie --stylize 0
child's drawing of a rainbow cookie --stylize 100 (기본값)
child's drawing of a rainbow cookie --stylize 500
child's drawing of a rainbow cookie --stylize 1000

▲ (왼쪽) 스타일화 0, (오른쪽) 스타일화 100(기본값)

▲ (왼쪽) 스타일화 500, (오른쪽) 스타일화 1,000

stylize 값이 높아지면서 그림의 퀄리티와 예술적인 형태는 높아지지만, 프롬프트에서 명시한 '아이가 그린'이라는 부분과 거리가 멀어집니다. 특정 이미지는 실제 쿠키가 나오는 등 프롬프트와의 연관성이 떨어진 것을 확인할 수 있습니다.

Tile 파라미터

　--tile 파라미터를 사용하면 원단의 패턴처럼 사용할 수 있는 반복적인 형태의 이미지를 생성할 수 있습니다. 단, 단일 이미지를 만들기 위한 패턴으로 활용할 예정이라면 스스로 패턴을 이어붙이는 작업이 필요합니다.

▲ Pink Tennis Balls --tile 프롬프트를 입력한 결과로 이미지를 이어붙일 수 있다.

Video 파라미터

　--video 파라미터를 사용하면 네 개의 이미지가 생성되는 과정을 짧은 동영상을 만듭니다. 미드저니에서 동영상 링크를 직접 다이렉트 메시지로 보내려면 반응하기 이모지에서 봉투 이모지를 선택하면 됩니다.

Weird 파라미터

　--weird 혹은 --w 파라미터를 사용하면 실험적이고 색다른 결과물을 얻을 수 있

습니다. 이 파라미터는 기발하고 색다른 결과물, 예상을 벗어나는 결과물을 생성합니다. 해당 파라미터는 0~3,000 사이의 값으로 지정하며, 기본값은 0입니다. 높은 숫자일수록 실험적인 결과물이 생성됩니다.

프롬프트	apple pie

apple pie --w 1000

apple pie --w 3000

▲ (왼쪽) 기본 '사과 파이' 결과물, (오른쪽) w 값이 1,000인 결과물

▲ w 값이 3,000인 결과물

미드저니의 도구 알아보기

Vary region 도구

업스케일된 이미지의 특정 부분을 선택해 새로운 이미지를 생성하는 도구입니다. 해당 도구는 이미지를 업스케일한 후 나타납니다. Vary region 기능은 미드저니 모델 버전 v 5.0 이상, 그리고 niji 5 이상에서 사용 가능합니다. 업스케일된 이미지에서 [Vary(Region)]을 클릭하면 Vary region 에디터가 등장합니다. 부분 수정하고 싶은 이미지의 영역을 선택하고 [Submit]을 클릭하면 됩니다. 예시에서는 앞에 위치한 과일 컵 영역을 드래그하여 선택했습니다.

　선택한 과일 컵 영역이 다른 사물로 변경된 결과물이 생성된 것을 확인할 수 있습니다.

Upscalers 도구

2024년 1월 기준으로 미드저니는 최초 1024×1024px 크기의 이미지를 생성합니다. 이후 [U1], [U2], [U3], [U4]를 클릭해 원하는 이미지를 업스케일할 수 있습니다. 또한 [Upcale (2×)], [Upscale (4×)]를 클릭하면 이미지 크기를 두 배 혹은 네 배까지 확대할 수 있습니다.

단, 확대 배율이 클수록 최종 작업까지 더 오랜 시간이 소요됩니다. 예를 들어, 네 배 확대 업스케일의 경우 처음 이미지 생성 시간과 비교했을 때 약 여섯 배 정도 시간이 더 걸립니다.

▲ 최초 1024×1024px 이미지에서 2배 확대되어 2048×2048px 이미지로 확대된 예시

처음 생성된 네 개의 이미지에서 원하는 이미지를 1차로 업스케일한 후 해당 이미지를 두 배 더 업스케일하고 싶다면 [Upscale (2×)]를 클릭합니다. 두 배 더 확대된 이미지에서 두 배, 네 배 더 확대할 수 있는 도구 버튼을 사용해 추가 확대 작업도 가능합니다.

Pan 도구

원본 이미지의 내용을 변경하지 않고 선택한 방향으로 이미지를 확장하는 도구입니다. 새로 확장된 이미지는 프롬프트 내용, 원본 이미지를 사용하여 채워집니다. Pan 도구 버튼은 이미지를 업스케일한 뒤에 등장합니다. 이때 확장되는 이미지는 선택한 방향으로 512px만 확장됩니다.

다음 예시는 원본 이미지를 각각 상하 방향으로 Pan 도구를 사용해 확장한 예시입니다.

▲ (왼쪽) 원본 이미지, (가운데) ⬆를 클릭해 위로 확장, (오른쪽) ⬇를 클릭해 아래로 확장

예시 이미지를 보면 각 확장 방향에 따라 하늘 혹은 아래 호수 부분의 이미지가 추가된 것을 확인할 수 있습니다. 원본 이미지는 1024px의 정사각형 이미지로 각각 512px, 50%씩 추가되었습니다.

다음 예시는 좌우 방향으로 확장된 예시입니다. 각각의 확장 방향에 따른 이미지 분위기를 비교해보는 것도 좋습니다.

▲ ⬅를 클릭해 왼쪽으로 확장

▲ ➡를 클릭해 오른쪽으로 확장

TIP Pan 도구를 한 번 사용한 이후에는 상하, 혹은 좌우로만 이미지를 계속해서 연장할 수 있습니다. 처음에 위로 확장했다면 그 이후에는 위나 아래로만 확장이 가능합니다.

찾아보기